Backen für Diabetiker

ANGELIKA KIRCHMAIER

Backen für Diabetiker

Genuss-Rezepte für den Alltag und für Gäste

Text und Rezepte von Angelika Kirchmaier
Fotos von Ilvy Rodler

Weltbild

Genehmigte Lizenzausgabe für
Verlagsgruppe Weltbild GmbH,
Steinerne Furt, 86167 Augsburg

Texte und Rezepte
Angelika Kirchmaier, Hopfgarten, Österreich
www.angelika-kirchmaier.at

Fotos
Ilvy Rodler, Innsbruck, Österreich, außer auf den Seiten 10 (Gina Sanders, fotolia), 12 (Thomas Francois, fotolia) und 17 (Olaf Wandruschka, fotolia)

Lektorat
Ilka Grunenberg, Neustadt/Weinstraße

Satz und Herstellung
Kaisers Ideenreich, Neustadt/Weinstraße

Litho
posi.tiff media GmbH, Gelnhausen

Umschlaggestaltung
Maria Seidel, atelier-seidel.de

Umschlagmotiv
StockFood.com/Eising Studio – Food Photo & Video

Gesamtherstellung
Offizin Andersen Nexö Leipzig GmbH, Zwenkau

Printed in EU
978-3-8289-2764-3

2014 2013 2012
Die letzte Jahreszahl gibt die aktuelle Lizenzausgabe an.

Einkaufen im Internet:
www.weltbild.de

Hinweis: Der Flüssigkeitsbedarf der Gerichte kann nicht exakt angegeben werden, da dieser u. a. von der Quelleigenschaft des verwendeten Vollkornmehls abhängt. Vollkornmehl wird im Unterschied zu Weißmehl nicht standardisiert, weist also je nach Anbaujahr und Hersteller unterschiedliche Quelleigenschaften auf. Anhand der Bilder in den jeweiligen Einleitungskapiteln wird Ihnen die Suche nach der richtigen Konsistenz erleichtert. Wenn Sie zu wenig Flüssigkeit verwenden, schmeckt das Gebäck trocken, wird zu viel in den Teig gemischt, speckig.
Die Backzeit hängt von vielen Faktoren ab, z. B. der Qualität der Backform und des Backofens (vgl. S. 30–33). In diesem Buch wird die Backzeit auf gute Backöfen und Backformen bezogen.

Nährwertangaben und Berechnungen

Es handelt sich bei den Nährwertdaten um berechnete Werte. Die tatsächlichen Werte können aufgrund von unterschiedlichem Anbau, Fütterung, Fettgehalt etc. davon abweichen. Falls Sie insulinpflichtiger Diabetiker sind, berechnen Sie die Kohlenhydratmenge wie gewohnt oder verwenden Sie Ihre bisherige BE/KHE-Tabelle als Berechnungsgrundlage.

Um den Zuckergehalt von Obstsorten besser einschätzen zu können, empfiehlt sich die Verwendung eines Refraktometers. Dieses wird üblicherweise im Weinbau verwendet. Refraktometer finden Sie am schnellsten über einen Internet-Fachhandel.

Die Rezepte in diesem Buch sind so zusammengestellt, das jeweils der bestmögliche Ergänzungswert entsteht. Zudem enthalten diese Rezepte deutlich mehr Wirkstoffe, also z. B. Mineralstoffe und Vitamine, mehr verdauungsfördernde und immunstärkende Ballaststoffe und weniger Kalorien als vergleichbare herkömmliche Rezepte.

Der Zuckeranteil wurde so knapp wie möglich gehalten. Wer den weniger süßen Geschmack noch nicht so gewohnt ist, kann noch Süßstoff nach Bedarf hinzufügen. Das Backergebnis ändert sich dadurch nicht.

Lebensmittel mit der Bezeichnung „evtl.", z. B. evtl. Obst zum Belegen und Lebensmittel, die zur Verzierung verwendet werden, und bei denen keine Mengenangabe möglich ist, flossen nicht in die Berechnung ein.

Werden im Rezept mehrere Möglichkeiten angegeben, z. B. Haselnüsse, Walnüsse, Pecannüsse, so fließt immer die erstgenannte Zutat in die Berechnung ein. In diesem Fall zum Beispiel die Haselnüsse.

Erfolgt bei Nüssen und Obst nur eine grobe Angabe, z. B. „beliebige Nüsse", „beliebiges Obst", so wurde bei den Nüssen mit Haselnüssen und beim Obst mit Himbeeren berechnet.

EL = Esslöffel, TL = Teelöffel, Pkg. = Packung/Packungen, kcal = Kilokalorie (Kalorie), kJ = Kilojoule, EW = Eiweiß, F = Fett, KH = Kohlenhydrate, BE = Broteinheit (12 g verwertbare Kohlenhydrate), KHE = Kohlenhydrateinheit (10 g verwertbare Kohlenhydrate)

Inhalt

Die Uhren in den Rezepten kennzeichnen verschiedene Zubereitungszeiten.

Dieses Gericht ist einfach und schnell zuzubereiten.

Kalkulieren Sie etwas mehr Zeit für dieses Gericht ein.

Für dieses Gericht brauchen Sie Zeit und Geduld, es gibt mehrere Arbeitsschritte.

Die Zubereitungszeit wird inklusive der Backzeit angegeben, es handelt sich um Durchschnittswerte. Während ein geübter Bäcker den Kuchen schon in den Backofen schiebt, sucht ein ungeübter Bäcker vielleicht noch die Zutaten in der Küche. Insgesamt benötigen Sie für die Teigbereitung maximal 15 Minuten, versierte Bäcker 5–8 Minuten.

Angelika Kirchmaier ist ausgebildete Touristikkauffrau, Köchin, Diaetologin, Diabetesberaterin, enterale Diätassistentin und Gesundheitswissenschaftlerin. In ihrer freiberuflichen Praxis in der Nähe von Kitzbühel in Tirol testet sie in ihrer Schau- und Versuchsküche Lebensmittel und entwickelt Rezepturen. Sie lehrt an diversen Bildungseinrichtungen und gestaltet wöchentliche Beiträge für den ORF Tirol. Als Buchautorin erschienen von Angelika Kirchmaier diverse Ratgeber, u. a. „ Xundheit", „Xund backen", „Glutenfrei backen", „Teige" und „Guglhupf".

VORWORT

Liebe Kuchenfreundinnen und -freunde!

Wer kennt das nicht: ewiges Rühren, Mixstäbe wechseln, Schüsselberge, die sich nicht von selber aus dem Geschirrspüler ausräumen? Das muss nicht sein, viele Kuchen lassen sich auch in einer Blitzschnellvariante zubereiten. D. h. alles in eine Schüssel geben, umrühren, in die Form füllen und backen.

Genau nach diesem Motto habe ich die Rezepte in diesem Buch für Sie kreiert. Dass sich blitzschnelles Backen hervorragend mit dem Bedürfnis nach einer gesunden Ernährung und damit den Erfordernissen für Diabetiker deckt, stellt einen angenehmen Nebeneffekt dar.

Nachdem wir heute nicht mehr in einer Zeit der Großfamilien leben, finden Sie in diesem Buch auch viele Rezepte für den Single- oder kleinen Haushalt. Die Minirezepte eignen sich zudem großartig für kleine Backanfänger. Wenn Ihre Sprösslinge also einmal in die Welt des Backens einsteigen wollen, dann kann mit diesen Rezepten nicht viel schiefgehen!

In diesem Sinne wünsche ich Ihnen und Ihren Lieben viel Freude beim Nachbacken, gutes Gelingen und ein feines Ambiente, in dem Sie Ihre hausgemachten Köstlichkeiten genießen können!

Mit lieben Grüßen

Angelika Kirchmaier

Backtipps für Diabetiker

DIABETIKERBACKWAREN – BASICS

Lange vorbei sind die Zeiten, in denen man Diabetikern verbot, Kuchen und Plätzchen zu naschen. Dank neuer Zutaten und Zubereitungsmethoden steht einem maßvollen Genuss von Süßem – im Rahmen des Ernährungsplans – nichts mehr im Wege.

WAS ZEICHNET EINEN DIABETIKERKUCHEN AUS?

Diabetikerkuchen unterscheiden sich von herkömmlichen Kuchen durch:

- ein Minimum oder den Ersatz von Zucker durch flüssigen Süßstoff,
- weniger und gesündere Fette,
- die Verwendung von Vollkornmehl und
- den Ersatz von künstlichen Aromastoffen durch natürliche Gewürze.

Es handelt sich also um Gebäck, das in der Zusammensetzung so optimiert wird, dass es:

- den Blutzucker so langsam wie möglich ansteigen lässt,
- der Figur schmeichelt (Normalgewicht verbessert die diabetische Stoffwechsellage) und
- wertvolle Wirkstoffe, also Vitamine, Mineralstoffe und bioaktive Substanzen, liefert. Also genau jene Stoffe, die nicht nur den Körper, sondern auch die bei Diabetikern ohnehin belasteten Gefäße verwöhnen.

Um dieses Ziel erreichen zu können, sind vier Schritte nötig:

1. Auswahl der Zutaten
2. Anpassung der Rezeptur
3. Auswahl der Backformen
4. Optimierung des Backvorgangs

AUSWAHL DER ZUTATEN

Nur wenn die Zutaten wirkstoffreich und gesund sind, kann daraus auch ein gesunder Diabetikerkuchen entstehen. Auf den folgenden Seiten haben wir für Sie viele nützliche Tipps zusammengestellt, die Ihnen bei der Suche nach den besten und gesündesten Zutaten helfen werden – auf diese Weise werden Ihnen mit Leichtigkeit die leckersten Diabetikerkuchen gelingen.

MEHL

Bevorzugen Sie zum Backen Vollkornmehle. Alle Rezepte in diesem Buch enthalten Weizen- oder Dinkelvollkornmehl. Ersatzweise können Sie auch Vollkornmehle von beliebigen anderen Weizensorten verwenden, z. B. Emmer oder Einkorn.
Getreidesorten wie Roggen, Buchweizen, Amaranth oder Hirse enthalten zu wenig oder kein Klebereiweiß, sodass es bei herkömmlichen Kuchen nicht möglich ist, Vollkornmehl einer Weizensorte vollständig durch eine der genannten Getreidesorten zu ersetzen. Das Ergebnis wäre ein speckiger Fladen.
Wer aufgrund z. B. einer Zöliakie auf glutenhaltige Getreidesorten, also z. B. Weizen, Dinkel und Roggen, oder aufgrund einer Weizenallergie auf Weizen verzichten muss, der kann statt Weizenvollkornmehl glutenfreies Mehl verwenden. Am besten eignen sich als Ersatz glutenfreie dunkle Brotmischungen ohne Salzzusatz. Das Mehl kann 1:1 ersetzt werden. Je nach Mehlmischung benötigen Sie allerdings zusätzlich evtl. noch etwas Wasser. Teig aus glutenfreiem Mehl weist eine andere, klebrige und pappigere Konsistenz auf. Den Teig holen Sie am besten mit einer nassen Teigkarte aus der Schüssel. Weitere Tipps und Tricks zum Thema Backen mit glutenfreien Mehlen finden Sie in dem Buch „Glutenfrei Backen", Neuer Umschau Buchverlag 2011, Kirchmaier, Loidl, Marquart, Wolf.

Vollkornmehl weist gegenüber herkömmlichem Weißmehl einen deutlich höheren Ballast- und Wirkstoffanteil auf. Ballaststoffe sorgen dafür, dass der Blutzuckerspiegel langsamer ansteigt und die Blutzuckerkurve flacher verläuft. Wirkstoffe üben in Ihrem Körper Multitasking-Funktionen aus. Sie lassen den Körper „rund" laufen und reparieren dort, wo Arbeit anfällt. Also eine perfekte Kombination für Diabetiker.

Aber wo ein Vorteil, da auch Nachteile!

Vollkornmehl wird nicht, wie herkömmliche Weißmehle von Markenqualität, „standardisiert", d. h., Vollkornmehle weisen unterschiedliche Backeigenschaften auf. Das bedeutet für Sie, dass Sie je nach Hersteller, Saison und Charge die Rezepturen immer ein wenig anpassen müssen. Mal saugt das Mehl mehr Flüssigkeit, mal weniger. Mit etwas Übung und mithilfe der Schritt-für-Schritt-Bilder in diesem Buch, finden Sie aber sehr rasch heraus, ob der Teig noch einen Schuss Wasser benötigt oder ob Sie lieber etwas weniger Flüssigkeit in den Teig mischen.
Ein zweiter Nachteil liegt in der Konsistenz. Die Verwendung von Vollkornmehl führt dazu, dass Kuchen trocken schmecken und beim Aufschneiden oft krümeln. Manche lieben diese Konsistenz, aber viele mögen diese Eigenschaften an Vollkornkuchen nicht.

Es gibt zwei Tricks: erstens viel Fett, Zucker und Eier in den Teig. Das ist aber weder für eine gesunde Ernährung, noch für Diabetiker, die schlanke Linie etc. empfehlenswert. Deshalb wenden Sie lieber den zweiten Trick an, der jeden Vollkornkuchen saftig zaubert. Reiben Sie einfach einen Apfel mit Schale grob in den Teig. Wichtig ist, dass Sie den Apfel MIT der Schale und GROB raspeln. Wird der Apfel ohne Schale oder fein bis musig geraspelt, kann dies dem Kuchen eine speckige Konsistenz verleihen. Der Apfel liefert zusätzlich Ballaststoffe, wirkt moderat cholesterinsenkend und spendet wertvolle Inhaltsstoffe. Also eine extra Gesundheits"pille" in Ihrem Vollkornkuchen. Als gutes Nachschlagewerk für Tipps, Anregungen und Schritt-für-Schritt-Bilder dient das Buch „Teige", Pichler Verlag 2012, Kirchmaier.
Bevorzugen Sie Vollkornmehl aus Bio-Anbau, am besten aus Ihrer Region oder Ihrem Land. Für den Bio-Anbau werden keine herkömmlichen Pestizide eingesetzt. Zudem schont der Bio-Anbau Flora und Fauna und damit Ihren Lebensraum.

EIER

Ei ist nicht gleich Ei! Wenn Ihnen Ihre Gesundheit am Herzen liegt, vermeiden Sie Eier aus Farmen, in denen Tausende Hühner zur Eierproduktion gemästet werden. Am gesündesten und cholesterinärmsten sind Eier von Höfen, auf denen sich die Tiere im Freien aufhalten können und auf denen sie artgerechtes Mischfutter, aber kein Hochzucht-Mastfutter fressen dürfen. Fragen Sie am besten bei den Herstellern nach oder informieren Sie sich über Direktvermarkter, z. B. in Deutschland über http://www.einkaufen-auf-dem-bauernhof.com/ oder in Österreich über http://www.gutesvombauernhof.at/.

Aber Achtung! Bio bedeutet nicht automatisch eine gesündere Qualität. Bio kann z. B. auch bedeuten, dass das Mastfutter aus Bio-Anbau stammt.

FETT

Viele Kuchenrezepte aus diesem Buch werden mit Öl zubereitet. Am neutralsten schmeckt Rapsöl. Sie können aber auch geschmacksintensivere Öle, wie etwa Olivenöl verwenden. Beide zählen derzeit zu den gesündesten Ölen.

Öl weist gegenüber harten Fetten einen sehr großen Vorteil auf: Es enthält deutlich mehr einfach und mehrfach ungesättigte Fettsäuren. Je härter das Fett, desto höher der Anteil an gesättigten Fettsäuren. Das sind jene Bestandteile, die sich bei einem Zuviel schon nach kurzer Zeit als „Rundungen" im Bauch- und Hüftbereich bemerkbar machen. Aber nicht nur äußerlich führen gesättigte Fette zu Veränderungen, auch in Ihrem Körper können z. B. Gefäßschäden entstehen. Also Schäden genau in jenen Bereichen, die bei Diabetikern ohnehin schon gefährdet sind. Verwenden Sie daher so oft wie möglich Öl anstatt fester Fette und reduzieren Sie die Fettmenge auf ein Minimum.

Für Plätzchen aus Mürbeteig ist ein festes Fett nötig, sonst lässt sich der Teig nicht ausrollen bzw. entsteht nicht die gewünschte Konsistenz. In diesem Fall verwenden Sie eine hochwertige Butter, am besten eine Sommerbutter, die Sie sich im Sommer auf Vorrat einkaufen und bis zur Plätzchensaison luftdicht verpackt tiefkühlen. Butter nimmt allerdings leicht Fremdgerüche an, daher immer luftdicht verpacken, z. B. in Gefrierbeuteln oder in Gefrierdosen.

Ersetzen Sie die Hälfte der Butter durch saure Sahne und zwar im Verhältnis 2:1 – 2:2. Das bedeutet anstatt z. B. 200 g Butter zu verwenden, nur 100 g Butter und dafür noch 50 – 100 g Saure Sahne zu benutzen. Dadurch können Sie sich sogar häufig den Zusatz eines Eis sparen. Saure Sahne weist mit einem Fettgehalt von rund 20 % deutlich weniger Fett auf als Butter oder Margarine, die beide rund 80 % Fett enthalten.

Wie bei den Eiern beschrieben, sind auch bei Butter und saurer Sahne die Fütterungs- und Haltungsbedingungen entscheidend dafür, ob das Produkt einen hohen Anteil an gesättigten Fettsäuren aufweist oder nicht. Je mehr Gras die Tiere fressen dürfen und je weniger Kraftfutter beigemengt wird, desto niedriger liegt der Anteil an gesättigten Fettsäuren und desto gesünder sind die Milchprodukte. D. h., nicht der Fettgehalt alleine ist ausschlaggebend, ob ein Milchprodukt gesund oder weniger gesund ist, sondern auch die Art der Fütterung und Haltung der Tiere.

Fettreduzierte Margarine eignet sich nicht besonders gut zum Backen, da das Wasser in der Margarine die Konsistenz der Plätzchen verändert. Oft tritt beim Backen sogar Schaum aus den Plätzchen aus. Zudem handelt es sich bei Margarine um künstlich gehärtetes Fett – also um ein Kunstprodukt. Man könnte auch von einem der ältesten und dank enormer Werbung am besten sozialisierten Lebensmittelimitate sprechen.

MILCHPRODUKTE

Joghurt, Quark, saure Sahne können beim Backen fetthaltigere Lebensmittel wie Butter ersetzen: Mehr Informationen dazu in der Rubrik Fett im letzten Absatz.

SÜSSUNGSMITTEL

Zum Süßen wird zurzeit flüssiger Süßstoff als bestes Süßungsmittel für Diabetiker empfohlen. Verwenden Sie eine vorgefertigte Süßstoffmischung oder verschiedene Süßstoffe, so reduzieren Sie die Gefahr, dass Sie von einer Sorte den ADI überschreiten. Der ADI (Acceptable Daily Intake) gibt Auskunft darüber, welche täglich zugeführte Dosis auf Dauer zu Nebenwirkungen führen kann. Obwohl Süßstoff den Blutzuckerspiegel und das Kalorienkonto nicht beeinflusst, sollte aufgrund der Gefahr von Nebenwirkungen die Dosis so gering wie möglich gehalten werden. D. h., süßen Sie so wenig wie möglich, dann gewöhnt sich Ihr Gaumen an den weniger süßen Geschmack und findet diesen ausreichend süß.

In der der EU sind derzeit zehn Süßstoffe zugelassen: Aspartam, Acesulfam, Saccharin und Cyclamat, Aspartam-Acesulfam-Salz, Thaumatin, Neohesperidin DC, Sucralose, Neotam und Steviolglycoside.

Das vielversprechende Naturprodukt Stevia hat in Form von Steviolglycosid (E 960) mit Natur nicht mehr viel gemeinsam. Durch ein aufwendiges technisches Verfahren wird ein Bestandteil, das süß schmeckende Steviolglycosid, aus der Pflanze herausextrahiert. Für die Aufbereitung von einer Tonne Steviablättern müssen ca. 86 kg Aluminiumsalze eingesetzt werden. Das dabei gewonnene, süß schmeckende Steviolglycosid verhält sich im Körper nicht wie ein „Durchlaufposten", sondern durchwandert den Darm, die Pfortader, die Leber und wird dann schließlich über den Harn wieder ausgeschieden. Steviolglycosid zerfällt ab 120 °C, ist also zum Backen nur bedingt geeignet. (Umschau Zeitschriftenverlag, DGE-aktuell, März 2012)
Zucker ersetzen Sie durch Süßstoffe im Verhältnis 10:maximal 1, d. h., 10 g Zucker entsprechen einer Menge von maximal 1 g Süßstoff. Ob Sie genau 1 g Süßstoff benötigen oder weniger, hängt von Ihrer Süßvorliebe ab. An der Konsistenz des Gebäcks verändert sich bei einer geringeren Süßstoffmenge nichts.

Zuckeraustauschstoffe wie z. B. Fruchtzucker, Xylit oder Sorbit weisen keine Vorteile auf. Im Gegenteil, oft führen diese Zucker zu gastrointestinalen Beschwerden wie z. B. Blähungen oder Durchfällen. Zudem liefern Zuckeraustauschstoffe Kalorien und erhöhen den Blutzuckerspiegel.
Für einige Kuchenteige benötigen Sie Masse, damit der Kuchen gelingt, wie z. B. für Biskuit- und Rührkuchen. In diesem Fall verwenden Sie genau die Menge an Zucker, die erforderlich ist, damit der Kuchen gelingt und als Ausgleich für den Süßgeschmack flüssigen Süßstoff.

Die erforderliche Zucker- und Süßstoffmenge errechnen Sie nach einer einfachen Faustregel: Addieren Sie die Menge aller Zutaten: Mehl, Eier (pro Ei können Sie grob mit 50 g kalkulieren), Öl etc.; zuckerhaltige Zutaten (wie Schokolade) und den Apfel müssen Sie nicht mitzählen. Von der Gesamtsumme berechnen Sie 10 % für Zucker und 1 % für den flüssigen Süßstoff.

ZUCKERMENGE FÜR IHREN KUCHEN:

- 5 Eier (à 50 g = 250 g), 200 g Öl, 250 g Weizenvollkornmehl = 250 g + 200 g + 250 g = 700 g
- 10 % von 700 g = 70 g in Form von Zucker
- 1 % von 700 g = 7 g in Form von flüssigem Süßstoff

Ihr Rezept lautet also:

- 5 Eier
- 200 g Öl (oder 100 g Öl und 100 g saure Sahne)
- 250 g Weizenvollkornmehl
- 70 g Zucker
- max. 7 g Süßstoff
- 1 Apfel, mit Schale grob geriebenen

Pro Rührkuchen à 12 Stück sollte nicht mehr als 70 bis maximal 100 g Zucker verwendet werden! Das ergibt eine Zuckermenge von maximal 8 g pro Stück.
Für Kuchen aus z. B. Hefeteig können Sie den Zucker komplett durch Süßstoff ersetzen. Das Backergebnis ändert sich nicht. Einzig die Rastzeit verlängert sich beim Hefeteig geringfügig.

Süßstoff mit Geschmack
Damit Süßstoff nicht nur süß schmeckt, können Sie dem Süßstoff Aroma verleihen, indem Sie Gewürze im Ganzen in die Süßstoffflasche stecken, z. B. Zimtstangen, Vanilleschoten, Nelken, Sternanis, Kaffeebohnen etc. Tipp! Kaufen Sie sich eine Süßstoffflasche mit Schraubverschluss, in diese lassen sich die Gewürze einfach einfüllen. Sobald der Süßstoff aufgebraucht ist, entfernen Sie die Gewürze, z. B. mit einer Pinzette, wenn sie sich so nicht aus der Flasche lösen wollen, und füllen Sie neuen Süßstoff mit frischen Gewürzen ein.
Achtung! Pulverisierte Gewürze eignen sich nicht! Diese quellen auf. Übrig bleibt ein eingedickter Gewürzberg, der sich nicht mehr von der Flasche trennen möchte.

GEWÜRZE

Kleine Menge, aber oho! In Gewürzen steckt eine Fülle an Vitaminen, Mineralstoffen und bioaktiven Substanzen. Verwöhnen Sie daher jedes Gericht mit herrlichen Gewürzen!

Für Süßes eignen sich die Klassiker Vanille, Zimt, Nelken, Sternanis oder die Schale von Bio-Zitrusfrüchten, also Bio-Zitronen, Bio-Orangen und Bio-Limetten. Möglich sind aber auch frisch gehackte oder getrocknete Kräuter und Blumen, z. B. Zitronenmelisse, Minze in allen Varianten, Malven und Bio-Rosenblätter. Achtung! Wenn Sie Rosenblätter aus dem eigenen Garten verwenden, dürfen diese nicht mit einem chemischen Dünger gedüngt worden sein. Des Weiteren können Sie Süßes mit Ingwer, Anis, Fenchel, Kardamom, Muskat, Chili etc. verfeinern.

Achten Sie beim Kauf von Gewürzen auf eine hohe Qualität. Billiggewürze schmecken meist nach nicht viel; Sie benötigen daher deutlich mehr von den Gewürzen. Letztendlich kaufen Sie also minderwertige Ware zu einem teuren Preis. Auch Füllmittel, wie z. B. Stärke, haben in hochwertigen Gewürzen nichts verloren. Zudem beeinflussen Stärke und andere Füllmittel auf Kohlenhydratbasis Ihren Blutzuckerspiegel.

Verwenden Sie keine künstlichen Aromastoffe wie Vanille-Backaroma oder Zitronen-Backaroma. Diese werden vorwiegend aus chemischen Substanzen hergestellt und verfügen naturgemäß nicht über die wertvollen Wirkstoffe, wie sie in natürlichen Gewürzen enthalten sind. Wenn Sie bisher ausschließlich mit Aromen gearbeitet haben, wird Ihnen der Geschmack der natürlichen Gewürze anfänglich zu mild oder fremd erscheinen. Ihr Gaumen gewöhnt sich aber bereits nach wenigen Wochen an den natürlichen Geschmack.

Künstliche Vanille erkennen Sie entweder an der Farbe – Gelb weist auf ein Kunstprodukt hin, echte Vanille ist immer schwarz – oder an der Bezeichnung. Vanillin kennzeichnet künstliche Vanille.

Bewahren Sie Gewürze zu Hause immer luftdicht verschlossen auf. Niemals in einem geöffneten Beutel. Die Gewürze verlieren innerhalb kürzester Zeit an Aroma. Wenn Sie keine Gewürzgläser zur Verfügung haben, verwenden Sie Marmeladen- und Honiggläser oder für pikante Gewürze z. B. Gurkengläser.

BACKPULVER

Bevorzugen Sie Weinsteinbackpulver. Dieses enthält gegenüber herkömmlichem Backpulver keinen knochenfeindlichen künstlichen Phosphor. Die Verwendung unterscheidet sich nicht von herkömmlichem Backpulver. Ersetzen Sie herkömmliches Backpulver einfach 1:1 durch Weinsteinbackpulver.

OBST

Der Zuckeranteil in den einzelnen Obstsorten variiert teils beträchtlich. So enthalten z. B. 100 g Apfel je nach Sorte, Anbauklima etc. zwischen 5 und 34 g Zucker. Anhand vom Geschmack lässt sich der Zuckeranteil nicht bestimmen, da der Geschmack wesentlich vom Säuregehalt abhängt. Die beim Obst angegebenen Nährwerte können daher nur Richtwerte sein! Die folgende Tabelle zeigt die Unterschiede am Beispiel Apfel.

APFELSORTEN IM VERGLEICH

	Sorte	Zucker ges. g/kg	kcal/100 g	BE/100 g	Säure ges. g/kg
süß	Kaiser Alexander	47,1	29,8	0,4	5,0
	Lavanttaler Bananenapfel	197,4	91,4	1,6	12,6
	Ilzer Rose	206,6	95,2	1,7	15,3
	Schafnase	226,3	103,3	1,9	16,8
	Maschanzker	227,5	103,8	1,9	15,1
	Sternrenette	245,9	111,4	2,0	15,4
harmonisch	Gravensteiner	104,8	53,5	0,9	25,0
	Jakob Lebel	109,9	55,6	0,9	13,0
	Baumanns Renette	166,1	78,6	1,4	15,5
	Berner Rosenapfel	213,2	98,0	1,8	42,9
	Kronprinz Rudolf	216,7	99,4	1,8	22,5
	Rheinischer Bohnapfel	233,2	106,1	1,9	7,0
säuerlich	Trierscher Mostapfel	90,9	47,8	0,8	13,8
	Boikenapfel	161,0	76,6	1,3	7,7
	Lavanttaler Mostapfel	176,6	82,9	1,5	23,6
	Seiling	203,3	93,9	1,7	16,6
	Plattapfel	217,2	99,6	1,8	19,1
	Grünstettiner	339,7	149,8	2,8	11,2
Intensiv-anbau	Gala	115,7	58,0	1,0	10,2
	Elstar	116,3	58,2	1,0	14,1
	Idared	119,0	59,3	1,0	10,8
	Golden Delicious	135,1	65,9	1,1	6,3
	Braeburn	135,8	66,2	1,1	10,5
	Jonagold				

Nach: Hofer, Grill, Hecke, Herbinger, Keppel, Monschein, Stampar, Toplak, Veberic: Inhaltsstoffe alter Apfelsorten unter diätetischem Aspekt, Schwerpunkt Diabetes, in: Journal für Ernährungsmedizin, 2005, 7 (1), S.30–33; http://www.kup.at/kup/pdf/5112.pdf

ANPASSUNG DER REZEPTUREN

Mithilfe von einfachen Formeln und etwas Übung gelingt es, fast jeden herkömmlichen Kuchen in einen leckeren Diabetikerkuchen zu verwandeln. Das Positive daran ist: So kreierte Diabetikerkuchen schmeicheln nicht nur Ihrem Blutzucker, sondern auch Ihrer Figur und Ihrem Cholesterinspiegel. Nachfolgend finden Sie einen Leitfaden für die gängigsten Kuchenteige.

BISKUITMASSE

Die Hauptzutaten sind Ei, Zucker und Mehl. Ein zuckerarmes lockeres Biskuit herzustellen, ist eine Kunst. Üblicherweise benötigen Sie für lockere Biskuitmassen reichlich Zucker und auf jeden Fall ein Rührgerät, um die Eier dick und schaumig zu rühren. Einen lockeren Biskuitkuchen mit einer minimalen Zuckermenge, aus Vollkornmehl und dann auch noch ohne Rührgerät herzustellen, stellt eine Herausforderung dar.

Zwei Tricks für die Herstellung eines Diabetikerbiskuits:

1. Wasser
2. Weinsteinbackpulver

Beide Zutaten zählen nicht zu den Biskuitklassikern, sind aber der Schlüssel zu einem lockeren Diabetikerbiskuit.

UND SO GEHT´S

MEHL

- Weißmehl im Verhältnis 1:1 durch Weizen- oder Dinkelvollkornmehl ersetzen.
- Pro 50 g Mehl 2–3 g Weinsteinbackpulver in das Mehl mischen. Wichtig: Das Backpulver immer mit dem Mehl vermischen, sonst geht der Kuchen ungleichmäßig oder gar nicht auf!

ZUCKER

- Den Zucker auf 20 g pro Ei reduzieren.
- Wenn Ihnen der Kuchen nicht süß genug ist, können Sie pro Ei 1–2 g flüssigen Süßstoff hinzufügen.

EIER

Keine Änderung nötig.

WASSER

Pro Ei ca. 20 g Wasser, sonst wird der Biskuitkuchen zu hart.

GEWÜRZE

Wird der Kuchen ohne Belag gegessen, z. B. als Biskuitschnitte, mischen Sie Gewürze wie Zimt, Nelkenpulver, Lebkuchengewürz oder die Schale einer Bio-Zitrone, in die Masse, sonst schmeckt der Kuchen fad.

BEISPIEL BISKUITMASSE

ORIGINALREZEPT (BEZOGEN AUF 1 EI)

- 1 Eigelb
- ca. 50 g Zucker
- ca. 50 g glattes Weizenmehl
- 4 Eiweiß
- 1 Prise Salz

1 Backofen auf 170–180 °C Heißluft oder 190–200 °C Unter-Oberhitze vorheizen. Die Backform vorbereiten.
2 Eier trennen. Eigelb und die Hälfte des Zuckers dick und schaumig rühren. Eiweiß mit dem restlichen Zucker und einer Prise Salz steif schlagen. Vorsichtig das Mehl mit dem Eischnee in den Eischaum heben. Die Masse in die Backform streichen und backen.

MENGEN

Die Biskuitmenge, sowohl vom Originalrezept als auch vom modifizierten Rezept, kann beliebig vervielfacht werden. Den Kuchen je nach Größe, Backform- und Backofenqualität 20–45 Minuten backen. Der Kuchen ist fertig gebacken, wenn bei der Stäbchenprobe kein Teig mehr am Stäbchen kleben bleibt. Weitere Zubereitungstipps siehe Kapitel Biskuitkuchen S. 84.

Wenn Sie den Kuchen als Unterlage für eine cremige Fülle verwenden möchten, benötigen Sie folgende Mengen:
- 1 Kastenkuchen oder eine kleine Tortenform (10–12 cm Durchmesser): Menge von 1 Ei
- 1 mittelgroße Tortenform „halbes Rezept" (18–20 cm Durchmesser): Menge von 2 Eiern
- 1 Tortenform (24–28 cm) Durchmesser: Menge von 3 Eiern

HINWEIS: Biskuitkuchen ohne Belag enthält kaum blutzuckerbremsende Substanzen, erhöht den Blutzucker also im Vergleich zu anderen Kuchen schneller. Dafür ist Biskuitkuchen fettärmer.

MODIFIZIERTES REZEPT (BEZOGEN AUF 1 EI)

- 1 Ei (Größe L)
- 20 g Zucker
- evtl. 1 g Süßstoff
- ca. 20 g Wasser
- 50 g Weizen- oder Dinkelvollkornmehl
- 3 g Weinsteinbackpulver

1 Backofen auf 170–180 °C Heißluft oder 190–200 °C Unter-Oberhitze vorheizen. Die Backform vorbereiten.
2 Die Zutaten der Reihe nach in eine Schüssel geben. Zum Schluss das Backpulver über das Mehl streuen. Das Backpulver mithilfe einer Gabel unter das Mehl mischen. Wichtig: Nur wenn Sie das Backpulver mit dem Mehl vermengen, verteilt sich das Backpulver gleichmäßig in der Biskuitmasse!
3 Alle Zutaten mit der Gabel so rasch wie möglich verrühren. Es soll eine homogene Masse entstehen, die frei von Klümpchen ist. Niemals mit dem Mixer oder einem elektrischen Rührgerät verrühren, sonst wird das Biskuit nicht mehr locker! Ist die Masse zu fest, noch etwas Wasser untermischen.
4 Die Masse so rasch wie möglich in die Kuchenform streichen und backen.

Das rasche Arbeiten ist nötig, da sonst das Backpulver die Wirkung verliert und der Kuchen nicht mehr so schön aufgeht oder speckig wird. Ab dem Zeitpunkt des Verrührens sollte der Kuchen innerhalb von ca. 3 Minuten in den Backofen geschoben werden.
Hinweis! Solange das Backpulver nur auf das Mehl gestreut, aber nicht mit den restlichen Zutaten in Berührung kommt oder vermengt wurde, können Sie sich stundenlang Zeit lassen.

RÜHRTEIG

Die Hauptzutaten sind Butter bzw. Margarine, Zucker, Ei, Mehl, Flüssigkeit und Backpulver. Rührteig lässt sich sehr einfach in der Diabetikervariante herstellen. Die Konsistenz des Diabetikerkuchens unterscheidet sich ein wenig von der Konsistenz eines herkömmlichen Rührkuchens. Diabetikerkuchen schmecken intensiver, sind deutlich saftiger und etwas grobporiger als herkömmliche Rührkuchen. Diabetikerkuchen sollten nie so hoch gebacken werden wie herkömmliche Kuchen, sonst werden sie speckig. Den Teig daher nur maximal 3–4 cm hoch in die Form füllen.
Das Plus: Für Diabetikerrührkuchen benötigen Sie kein elektrisches Rührgerät. Es genügt ein einfaches Vermengen!

UND SO GEHT´S

BUTTER BZW. MARGARINE

Ersetzen Sie feste Fette, also herkömmliche Butter und Margarine, durch Öl oder reduzieren Sie den Fettgehalt so weit wie möglich und verwenden Sie statt minderwertiger Fette hochwertige Butter. Das führt zu einem gesünderen Fettsäuremuster, d. h., der Kuchen enthält gesündere Fettbestandteile als bei Verwendung von harten Fetten.
Von der im Rezept angegebenen Fettmenge wird 20 % abgezogen. Beispiel: Statt 200 g Margarine verwenden wir 160 g Öl. Wenn Sie noch mehr Kalorien sparen möchten, verwenden Sie nur die Hälfte an Öl und ersetzen die zweite Hälfte durch Produkte, die deutlich weniger Fett enthalten als Butter, Margarine oder Öl. Das können sein: saure Sahne (15–20 % Fettanteil), Schmand (20 % Fettanteil) oder Naturjoghurt (ca. 1,5–5 % Fettanteil). Aus 200 g Butter oder Margarine werden also 80 g Öl und 80 g saure Sahne, Schmand oder Naturjoghurt.

EI

Die Eimenge bleibt meist gleich, sollte aber pro Kuchen, der in einer herkömmlichen runden Kuchenform à 24–28 cm Durchmesser gebacken wird, bei nicht mehr als ca. 4 Eiern liegen.

MEHL

Ersetzen Sie das Weißmehl durch Weizen- oder Dinkelvollkornmehl. Verwenden Sie ca. 10 % weniger Vollkornmehl als Weißmehl erforderlich wäre, z. B. statt 200 g Mehl nur 180 g Weizen- oder Dinkelvollkornmehl.

FLÜSSIGKEIT

Die Flüssigkeitsmenge variiert und hängt von der Größe der Eier, der Ölmenge und dem Vollkornmehl ab. Die Dosierung der Flüssigkeit erfordert also etwas Übung. Mithilfe der Abbildungen auf den Seiten 38–41 (Rührteig Schritt-für-Schritt-Abbildungen) wird Ihnen die Dosierung erleichtert.

BACKPULVER

Pro ½ kg Weizen- oder Dinkelvollkornmehl benötigen Sie mindestens 16–18 g Weinsteinbackpulver. Diabetiker-Rührkuchenteige sind etwas schwerer als herkömmliche Rührkuchenteige und benötigen daher etwas mehr Backpulver.
Verwenden Sie Weinsteinbackpulver, dieses enthält keinen knochenfeindlichen künstlichen Phosphor.
Vermischen Sie Backpulver immer mit einer oder mehreren trockenen Zutaten, am besten mit Mehl, dann verteilt es sich gut im Kuchen. Wenn Sie das Backpulver nicht zuerst mit den trockenen Zutaten vermischen, kann der Kuchen ungleichmäßig aufgehen, nach Backpulver oder salzig schmecken.

ZUCKER

Wenn Sie das gesamte Rezept fertig modifiziert haben, addieren Sie alle zuckerfreien Zutaten. Berechnen Sie pro Ei der Einfachheit halber 50 g. Gewürze und Backpulver müssen nicht dazu addiert werden. 10 % von der Gesamtmenge ergibt die Zuckermenge, die für die Konsistenz wichtig ist. 1 % der Gesamtmenge können Sie noch in Form von flüssigem Süßstoff hinzufügen.
Wenn die addierte Summe der zuckerfreien Zutaten z. B. 500 g ergibt, errechnet sich daraus eine Zuckermenge von 50 g und eine Süßstoffmenge von 5 g.
Wer es lieber süßer mag, kann noch einen Spritzer Süßstoff hinzufügen. Ziel sollte es aber sein, schrittweise auf eine Süßmenge von 10 % Zucker und maximal 1 % Süßstoff zu kommen.

APFEL

Damit der Kuchen saftig wird, reiben Sie pro Kuchen à 24–28 cm Durchmesser 1 Apfel à ca. 150 g MIT SCHALE und GROB in den Kuchenteig. Niemals ohne Schale und auch nicht musig reiben oder Apfelmus verwenden, sonst wird der Kuchen speckig! Für einen kleinen Kuchen (halbes Rezept) genügt ½ Apfel, für eine Kastenkuchenform ebenfalls.

GEWÜRZE

Kein Kuchen ohne Gewürze! Wird dem Kuchen Fett und Zucker entzogen, so wie es bei diesem Rezept der Fall ist, fallen auch wichtige Geschmacksträger weg. Diese können Sie nur durch reichlich Gewürze wieder ausgleichen. Zum Würzen eignen sich alle natürlichen Gewürze wie Zimt, Nelkenpulver, Sternanis, Lebkuchengewürz, Spekulatiusgewürz, Bio-Zitronenschale oder Bio-Orangenschale etc.

OBST

Ersetzen Sie das fehlende Volumen durch Obst, am besten Beerenobst. Dieses enthält im Vergleich zu anderen Obstsorten weniger Zucker und Kalorien, mit Ausnahme von Kulturheidelbeeren, die einen etwas höheren Zuckergehalt aufweisen.
Durch die Zugabe von Obst können Sie den Kohlenhydrat-, Fett- und Kaloriengehalt pro Stück reduzieren.

BEISPIEL RÜHRTEIG

ORIGINALREZEPT

- 150 g Butter
- 150 g Zucker
- 3 Eigelb
- 1 Pck. Vanillezucker
- ½ Fläschchen Zitronenaroma
- 200 g Mehl
- ½ Pck. Backpulver
- 3 Eiweiß
- Milch nach Bedarf

1 Backofen auf 170–180 °C Heißluft oder 190–200 °C Unter-Oberhitze vorheizen. Die Backform vorbereiten.
2 Butter schaumig rühren. Zucker langsam dazurieseln lassen. Eigelb nach und nach untermengen. Nicht zu schnell, sonst flockt die Masse aus. Vanillezucker und Zitronenaroma untermischen.
3 Mehl und Backpulver vermengen.
4 Eiweiß steif schlagen.
5 Mehl und Eischnee abwechselnd locker unter die Eimasse heben. So viel Milch untermischen, dass ein dickcremiger Teig entsteht. Den Teig in die Backform streichen und backen.

MODIFIZIERTES REZEPT

- 1 kleiner Apfel mit Schale (ca. 100 g)
- Schale von ½ Bio-Zitrone
- ½ TL gemahlene Vanilleschote oder Mark von ½ Vanilleschote
- 60 g Öl
- 60 g saure Sahne
- 3 Eier
- 45 g Zucker
- 4–5 g flüssiger Süßstoff
- 180 g Weizen- oder Dinkelvollkornmehl
- ½ Pck. Weinsteinbackpulver
- Wasser nach Bedarf
- ca. 150 g beliebiges Beerenobst, z. B. Himbeeren

1 Backofen auf 170–180 °C Heißluft oder 190–200 °C Unter-Oberhitze vorheizen. Die Backform vorbereiten.
2 Den Apfel mit Schale grob in die Schüssel raspeln. Die Zitronenschale dazureiben. Die restlichen Zutaten der Reihe nach in die Schüssel geben. Zum Schluss das Backpulver auf einer Seite über das Mehl streuen. Das Backpulver mithilfe eines Teigspatels in das Mehl mischen. Das Obst über der Mehlmischung verteilen und ebenfalls mit dem Mehl vermengen, dann sinkt es beim Backen weniger zu Boden.
3 Nun alle Zutaten rasch mit dem Teigspatel vermengen. So viel Wasser hinzufügen, dass ein sehr dickflüssiger Teig entsteht. Ist der Teig zu fest, schmeckt der Kuchen trocken, ist der Teig zu flüssig, speckig. Auf keinen Fall mit einem elektrischen Rührgerät rühren, sonst wird der Kuchen ebenfalls speckig!
4 Den Teig so rasch wie möglich in die Kuchenform füllen und in den Backofen schieben. Je schneller Sie arbeiten, desto lockerer wird der Kuchen.

TIPP: Berechnung der Zuckermenge: Öl, saure Sahne, Ei, Vollkornmehl und evtl. die Milch miteinander addieren = ca. 450 g Gesamtmenge, 10 % davon in Form von Zucker = 45 g Zucker und 1 % in Form von flüssigem Süßstoff = 4–5 g Süßstoff)

Das schnelle Arbeiten ist nötig, da das Backpulver aufgrund des verminderten Fettanteils schneller reagiert als in herkömmlichen Kuchen und daher sofort die Wirkung entfaltet. Arbeiten Sie zu langsam, ist die Triebwirkung bereits abgeschlossen und der Kuchen geht im Ofen nicht mehr auf.
Den Teig niemals mit dem Mixer oder einem elektrischen Rührgerät verrühren, sonst wird der Rührkuchen speckig!

Füllen Sie Rührteig, der nach dieser Formel hergestellt wurde, nur maximal 3–4 cm hoch in die Form, sonst wird der Kuchen zu schwer und damit speckig!
Den Kuchen je nach Größe, Backform- und Backofenqualität 40–60 Minuten backen. Der Kuchen ist fertig gebacken, wenn bei der Stäbchenprobe kein Teig mehr am Stäbchen kleben bleibt.
Weitere Zubereitungstipps siehe Kapitel Rührkuchen S. 38.

TIPP: Übrig gebliebenen Teig können Sie in z. B. Muffinförmchen oder ofenfeste Kaffeetassen (ohne Goldrand, Verzierungen etc.) füllen. Die Tassen müssen nicht befettet werden, der Kuchen löst sich auch so, wenn Sie ihn mit einem Löffel oder Holzspieß von der Tasse lösen und dann schräg auf eine weiche Unterlage, z. B. eine Stoffserviette oder ein sauberes Geschirrtuch, klopfen.

MÜRBETEIG

Die Hauptzutaten sind Mehl, Butter bzw. Margarine, Zucker und evtl. Eier. Mürbeteig in der fett- und zuckerabgespeckten Version wird etwas kompakter als herkömmlicher Mürbeteig, d. h. nicht ganz so mürbe, schmeckt aber trotzdem hervorragend. Ein großes Plus liegt in der Zubereitung: Modifizierter Mürbeteig lässt sich schneller und unkomplizierter zubereiten als herkömmlicher Mürbeteig.

UND SO GEHT´S

MEHL

Weißmehl lässt sich 1:1 durch Weizen- oder Dinkelvollkornmehl ersetzen. Zur Teiglockerung können Sie pro 100 g Mehl ca. 3 g Weinsteinbackpulver unter das Mehl mischen.

BUTTER BZW. MARGARINE

Verwenden Sie nur hochwertige Butter, vgl. Tipp Seite 13. Ersetzen Sie die Hälfte der Butter durch Saure Sahne und zwar im Verhältnis 1:0,5 – 1:1. Saure Sahne weist einen deutlich geringeren Fettanteil auf als Butter oder Margarine. Ein Teil Butter ist für die Konsistenz nötig. Statt 200 g Butter bzw. Margarine verwenden Sie also 100 g Butter und 50 – 100 g saure Sahne. Die genaue Menge an saurer Sahne hängt von der Quelleigenschaft des Vollkornmehls ab.

ZUCKER

So wie beim Rührteig werden auch hier alle zuckerfreien Zutaten addiert. 10 % der Gesamtmenge wird als Zucker zum Kuchen gegeben, 1 % der Gesamtmenge wird als flüssiger Süßstoff hinzugefügt. Bei einer addierten Summe von 500 g verwenden Sie also 50 g Zucker und 5 g Süßstoff.

EI

Durch die Zugabe von saurer Sahne können Sie meist das Ei sparen.

GEWÜRZE

Wie beim Rührteig beschrieben, schmeckt auch Mürbeteig nur dann gut, wenn Sie Gewürze in den Teig mischen.

WASSER

Geben Sie ggf. kaltes Wasser zum Teig, falls dieser zu bröselig ist.

BEISPIEL MÜRBETEIG

ORIGINALREZEPT

- 300 g Mehl
- 200 g Butter/Margarine
- 100 g Zucker
- 1 Eigelb

1 Backofen auf ca. 180 °C Heißluft oder ca. 200 °C Unter-Oberhitze vorheizen. Die Backform vorbereiten oder wenn Sie Plätzchen backen, das Blech mit Backpapier auskleiden.
2 Mehl mit der eiskalten Butter auf einem Brett abbröseln. Dazu die eiskalte Butter in kleine Würfel schneiden und mit der Hand mit dem Mehl vermengen. Sobald Mehl-Butter-Brösel entstanden sind, den Zucker untermengen. Das Eigelb einkneten. Evtl. noch etwas Flüssigkeit hinzufügen, falls der Teig zu sehr bröselt.

MODIFIZIERTES REZEPT

Am besten bereiten Sie eine kleinere Menge Teig als im Originalrezept zu, dann gelingt das Rezept besser, da sich die Zutaten leichter und schneller vermengen lassen. Daher finden Sie hier die halbierte Menge. Wenn Sie damit gut klar kommen, können Sie die Menge einfach verdoppeln.

- 150 g Weizen- oder Dinkelvollkornmehl
- 50 g hochwertige Butter (sehr weich oder geschmolzen)
- 25–50 g saure Sahne
- Gewürze z. B. Bio-Zitronenschale, Zimt, Lebkuchengewürzmischung
- evtl. kaltes Wasser

1 Backofen auf ca. 180 °C Heißluft oder ca. 200 °C Unter-Oberhitze vorheizen. Die Backform vorbereiten oder wenn Sie Plätzchen backen, das Blech mit Backpapier auskleiden.
2 Alle Zutaten in eine Schüssel geben. Mit einer Gabel vermengen. Wenn Sie den Teig ausrollen möchten, verkneten Sie die Teigbrösel KURZ mit der Hand. Ist der Teig zum Rollen zu weich, stellen Sie ihn vor dem Ausrollen luftdicht verpackt in den Kühlschrank.
3 Wird der Teig als Kuchenboden oder für Löffelplätzchen verwendet, mischen Sie so viel Flüssigkeit in den Teig, dass sich dieser gerade noch mit der Gabel vermengen lässt. Den Teig für den Tortenboden in die Form drücken, bzw. für Plätzchen mit einem Löffel kleine Häufchen ausstechen. In den Ofen schieben und backen.

Backdauer
Mürbeteig als Kuchenboden: 15–30 Minuten backen, je nach Qualität der Backform und des Backofens. Der Mürbeteig ist fertig gebacken, wenn er gleichmäßig bräunt.
Mürbeteig als Plätzchen: 10–15 Minuten. Die Plätzchen sind fertig gebacken, wenn sie an den Rändern leicht bräunen. Weitere Zubereitungstipps siehe Kapitel Plätzchen S. 120.

HEFETEIG

Die Hauptzutaten sind Mehl, Flüssigkeit, Ei, Butter bzw. Margarine, Zucker und Hefe. Hefeteig in der Diabetikervariante herzustellen ist kinderleicht. Butter oder Margarine ersetzen Sie durch Öl, das erspart das Schmelzen oder Erwärmen der festen Fette und schafft zusätzlich ein gesünderes Fettsäuremuster. Statt Zucker verwenden Sie Süßstoff. Einzig der Zusatz von Vollkornmehl verändert die Konsistenz des Gebäcks ein wenig.
HINWEIS: Hefeteig enthält wie Biskuit kaum blutzuckerbremsende Substanzen, erhöht den Blutzucker also im Vergleich zu Kuchen aus anderen Teigen schneller. Dafür ist Hefeteig fettarm.

UND SO GEHT´S

MEHL
Ersetzen Sie das Mehl komplett durch Vollkornmehl. Wer den Geschmack des Vollkornmehls noch nicht so gewohnt ist, kann auch nur die Hälfte des Mehls durch Vollkornmehl ersetzen.

FLÜSSIGKEIT
Verwenden Sie Wasser. Möglich wäre auch Milch, allerdings ergibt sich im fertigen Gebäck kaum ein Geschmacksunterschied. Milch liefert Kalorien und beeinflusst den Blutzuckerspiegel, wenn auch nur geringfügig. Wasser verhält sich blutzuckerneutral und schmeichelt Ihrer Figur.
Die genaue Flüssigkeitsmenge kann nicht angegeben werden, da diese von der Quelleigenschaft des Vollkornmehls abhängt.
Das Wasser sollte lauwarm sein. Auf keinen Fall zu heiß, sonst stirbt die Hefe ab und der Kuchen geht nicht mehr auf. Je kälter die Flüssigkeit, desto länger benötigt der Teig zum Aufgehen.
Wenn Sie den Teig am Vortag zubereiten und am nächsten Tag backen möchten, verwenden Sie kaltes Wasser, füllen den Teig in eine Schüssel oder Backform, die mindestens doppelt so groß ist wie die Teigmenge, decken den Teig luftdicht zu und stellen ihn in den Kühlschrank. Am nächsten Tag können Sie den Teig entweder direkt mit der Backform in den Backofen schieben oder beliebig weiter verarbeiten.

EI
Eigelb macht Hefeteig mürbe, Eiweiß spröde. Gehen Sie einen Kompromiss ein, verwenden Sie das ganze Ei, dann bleibt auch nichts übrig.

BUTTER BZW. MARGARINE
Ersetzen Sie Butter oder Margarine durch Öl. Das verbessert das Fettsäuremuster und verleiht dem Hefeteig eine gesündere Zusammensetzung. Verwenden Sie 20–30 % weniger Öl als Butter oder Margarine angegeben ist. Statt 100 g Butter oder Margarine also 70–80 g Öl.

ZUCKER
Den Zucker können Sie komplett durch flüssigen Süßstoff ersetzen und zwar im Verhältnis 10:1. D. h., 10 g Zucker ergeben 1 g flüssigen Süßstoff. Versuchen Sie schrittweise auf eine geringere Süßstoffmenge umzustellen. Ihr Gaumen gewöhnt sich bereits nach kurzer Zeit an den weniger süßen Geschmack und wird diesen als ausreichend süß empfinden. Auf die Konsistenz des Hefeteigkuchens übt der Süßstoff keinen Einfluss aus.
Der einzige Unterschied bei Verwendung von Süßstoff anstatt Zucker liegt in der Gehzeit. Mit Zucker geht Hefeteig eine Spur schneller auf. Ein Laie wird den Unterschied aber gar nicht bemerken.

HEFE

Verwenden Sie frische Hefe. 1 Würfel Hefe à 42 g reicht für mindestens 1 kg Mehl. Ob Sie mehr oder weniger Hefe in den Teig mischen, ändert am Backergebnis nichts, nur an der Aufgehzeit. Je mehr Hefe, desto schneller geht der Teig auf. Wenn Sie zu viel Hefe verwenden, also mehr als 1 Würfel auf 1 kg Mehl, kann es passieren, dass die Hefe unangenehm vorschmeckt.
Frische Hefe bewahren Sie am besten in einem Schraubverschlussglas im Kühlschrank auf. Im Idealfall in der 0-°C-Zone (Biofresh-Fach) oder an einem sehr kalten Platz im Kühlschrank, z. B. direkt über der Glasplatte ganz hinten. So aufbewahrt hält die frische Hefe wochenlang, ohne zu schimmeln oder auszutrocknen.

GEWÜRZE

Wie beim Rührteig beschrieben, schmeckt auch Hefeteig nur dann gut, wenn Sie Gewürze in den Teig mischen.

BEISPIEL HEFETEIG

ORIGINALREZEPT

- 250 g Mehl
- ½ Pck. Trockenhefe
- 2 Eigelb
- 50 g Zucker
- 50 g Butter oder Margarine
- ca. 120 g Milch

1 Backofen auf 160–170 °C Heißluft oder 180–190 °C Unter-Oberhitze vorheizen. Die Backform vorbereiten.
2 Mehl, Hefe und Zucker in eine Schüssel geben. Auf eine Seite die Dotter, auf die andere Seite die flüssige Butter bzw. Margarine und lauwarme Milch schütten. Alle Zutaten mit dem Knethaken der Rührmaschine oder des Mixers zu einem glatten Teig, der nicht klebrig sein darf, verkneten. Je länger Sie kneten, desto lockerer der Kuchen.
3 Den Teig mit etwas Mehl bestreuen und mit einem Geschirrtuch abdecken oder in eine Hefeteigschüssel mit Deckel füllen. Zugedeckt an einem warmen Ort so lange gehen lassen, bis sich das Teigvolumen fast verdoppelt hat. Den Teig beliebig formen, mit Ei oder Milch bestreichen und backen.

TIPP: Wenn Ihr Backofen über eine Dampfgarfunktion und ein voreingestelltes Hefeteigprogramm verfügt, verwenden Sie dieses! Dieses Programm verleiht sowohl Hefegebäck aus dem Originalrezept als auch aus dem modifizierten Rezept eine besonders lockere Konsistenz mit zarter Oberfläche.

MODIFIZIERTES REZEPT

- 250 g Weizen- oder Dinkelvollkornmehl
- beliebige Gewürze, z. B. Bio-Zitronenschale, Bio-Orangenschale etc.
- 1 Ei
- 5 g Süßstoff
- 35–40 g Öl
- ca. 80 ml lauwarmes Wasser (von Haus aus weniger nötig, da Öl ja auch flüssig ist)
- ca. ¼ Würfel frische Hefe

1 Backofen auf 160–170 °C Heißluft oder 180–190 °C Unter-Oberhitze vorheizen. Die Backform vorbereiten.
2 Alle Zutaten der Reihe nach in eine Schüssel geben. Die Hefe dabei in das Wasser bröckeln. Sie darf nicht ins Öl gebröckelt werden, dann geht die Hefe nicht mehr auf. Soll aus dem Teig ein Gebäckstück geformt werden, z. B. ein Hefeteigzopf, muss er mit einem elektrischen Rührgerät wie herkömmlicher Hefeteig geknetet werden. Allerdings soll der Teig so weich wie möglich, aber gerade noch nicht klebrig sein, sonst schmeckt der Kuchen trocken. Den Hefeteig wie bei der herkömmlichen Variante beschrieben gehen lassen und backen.
3 Wird der Kuchen in einer Form, z. B. in einer Kastenkuchenform gebacken, verrühren Sie den Teig am besten mit einer Gabel und geben so viel lauwarmes Wasser hinzu, dass sich der Teig gerade noch mit der Gabel vermengen lässt. Den Teig mit einer Teigkarte in die Form streichen. Die Form mit einem Geschirrtuch abdecken und so lange gehen lassen, bis sich das Volumen um fast die Hälfte vergrößert hat. Mit Eiweiß oder Milch bestreichen und backen.

Den Kuchen je nach Größe, Backform- und Backofenqualität 30–60 Minuten backen. Der Kuchen ist fertig gebacken, wenn er gleichmäßig hell bräunt und bei der Stäbchenprobe kein Teig mehr am Stäbchen kleben bleibt. Ist der Kuchen schon braun, aber noch nicht durchgebacken, decken Sie den Kuchen mit Alufolie ab, reduzieren die Backtemperatur um ca. 20 °C und lassen den Kuchen fertig backen.

AUSWAHL DER BACKFORMEN

Ob ein Diabetikerkuchen gelingt oder nicht, hängt wesentlich von der Qualität der Backformen ab. Eine hochwertige Backform leitet die Hitze deutlich besser als eine minderwertige. Billig gekauft bedeutet daher nicht nur, dass Sie deutlich mehr Energie benötigen, weil sich die Backzeit verlängert, sondern korreliert auch mit einem unbefriedigenden Backergebnis. Das Gebäck geht in schlechten Backformen langsamer auf, das Backpulver entfaltet die Wirkung aber unabhängig von der Form immer gleich schnell, also in fettarmen Kuchen sehr rasch. Als Ergebnis folgt ein speckiger Diabetikerkuchen.

BEFETTEN UND BEMEHLEN?

Ohne es bewusst wahrzunehmen, verschwinden in der Kuchenform oft unbemerkt unzählige Fettkalorien und Kohlenhydrate, die insulinpflichtige Diabetiker mit berücksichtigen müssen.
Wenn Sie eine Backform verwenden, die man auf jeden Fall befetten und bemehlen muss, so entnehmen Sie die Zutaten dafür aus den Kuchenzutaten. Dazu das Öl bzw.die Butter in eine Schüssel wiegen, einen Pinsel in das Fett tauchen und die Form damit ausfetten. Das Mehl oder andere trockene Zutaten, z. B. Paniermehl oder gemahlene Nüsse, ebenfalls wie im Rezept beschrieben in die Schüssel wiegen. Einen Löffel voll davon entnehmen und die Form damit ausstreuen. An der Form klopfen, sodass sich Überschüssiges sammelt. Diesen Rest wieder in die Schüssel zu den übrigen Teig-Zutaten schütten.
An der Konsistenz des fertigen Kuchens ändert sich nichts, da Sie ja sowohl eine flüssige/weiche, als auch eine feste Komponente entnehmen.

Empfehlenswert sind Backformen aus Silikon, einem hochwertigen Porzellan und aus Materialien mit einer hochwertigen Beschichtung.

SILIKONBACKFORMEN

Achten Sie beim Kauf auf schadstoffgeprüfte Qualität. Fragen Sie im Zweifelsfall beim Hersteller nach. Riecht eine Backform unangenehm, weist dies oft auf Chemikalien im Material hin. Lassen Sie diese Backformen lieber im Regal liegen.
Waschen Sie Silikonbackformen niemals mit Spülmittel oder im Geschirrspüler, sondern nur mit Wasser aus. Sonst müssen die Formen jedes Mal aufs Neue eingefettet werden. Zudem werden die Formen mit der Zeit klebrig, wenn Sie diese mit Spülmittel, egal ob im Waschbecken oder im Geschirrspüler, reinigen. Sobald die Form klebrig ist, können Sie diese nicht mehr verwenden, da der Kuchen trotz Einfetten anklebt. Klebrig werden Formen bei falscher Pflege und wenn es sich um eine minderwertige Qualität handelt.
Lassen Sie den Kuchen in der Form auskühlen, dann löst er sich am besten.
Falls Reste in der Form kleben, weichen Sie die Form ein paar Minuten mit kaltem Wasser ein, dann lassen sich die Reste sehr einfach mit einer Teigkarte lösen.

TIPP: Sparen Sie nicht bei den Backformen, nur in hochwertigen Formen werden Diabetikerkuchen locker!

PORZELLANBACKFORMEN

Bevorzugen Sie hochwertiges Porzellan. Fragen Sie nach Porzellan mit Kantenschutz. Von diesem platzen die Kanten nicht bzw. kaum ab. Zudem handelt es sich bei Porzellan mit Kantenschutz meist um hochwertige Qualität, die die Hitze gut leitet und dadurch für ein gutes Backergebnis sorgt. Porzellan, von dem die Kanten abplatzen, leitet die Hitze meist schlecht, da es sich meist um minderwertige Qualität handelt.

Porzellanbackformen müssen entweder gar nicht oder nur minimal eingefettet werden. Ein Ausstreuen mit Mehl oder Paniermehl ist nicht erforderlich. Hervorragend als Backform geeignet sind auch Porzellan-Kaffeetassen ohne Verzierung, d. h. ohne Goldrand oder z. B. Reliefs.

BESCHICHTETE BACKFORMEN

Bevorzugen Sie Backformen mit einer hochwertigen Beschichtung, z. B. Kaiser emotion®. Fragen Sie im Zweifelsfall beim Hersteller nach. Bei minderwertigen Backformen löst sich schon nach kurzer Zeit die Beschichtung. Damit wird die Backform unbrauchbar, da sich Chemikalien aus der Form lösen können. Backformen mit hochwertiger Beschichtung kosten zwar etwas mehr, dafür halten sie deutlich länger und helfen Energie zu sparen, da sie die Hitze besser leiten, sie sind also langfristig gesehen kostengünstiger. Zudem erreichen Sie mit gut hitzeleitenden Backformen ein deutlich besseres Backergebnis als mit Backformen, die die Hitze schlecht leiten.

Beschichtete Backformen müssen nur alle paar Mal eingefettet werden. Reinigen Sie beschichtete Formen wie Silikonbackformen, dann hält die Backform am längsten.

GLASFORMEN

Glasformen eignen sich nur, wenn es sich um Formen handelt, die man nicht oder kaum befetten und nicht mit Mehl oder Paniermehl ausstreuen muss.

BLECH

Wenn Sie auf dem Blech backen, kleiden Sie das Blech mit Dauerbackfolie oder Backpapier aus. Das erspart das Einfetten und Bemehlen. Dauerbackfolien können bis zu 1000 Mal wieder verwendet werden, vorausgesetzt Sie schneiden nicht auf der Folie. Die Folie ist sehr dünn und kann leicht durchgeschnitten werden. Zum Schneiden gibt es spezielle Silikon-Tortenmesser im Handel.
Tipp! Damit das Papier nicht verrutscht, sprenkeln Sie ein paar Tropfen Wasser auf das Blech, bevor Sie das Papier auflegen.

Statt der in den Rezepten angegebenen Backformen können Sie auch beliebige andere Backformen verwenden. Alle Teige lassen sich statt in den angegebenen Formen auch in Muffinförmchen backen.

GRÖSSE DER BACKFORMEN

Wichtig! Kleine Teigmengen lassen sich problemlos in einer größeren Form backen, der Kuchen wird nur etwas flacher und die Backzeit verkürzt sich. Backen Sie aber niemals eine große Teigmenge in einer kleineren Form als angegeben.
Warum? Vollkorn-Diabetikerkuchenteige sind deutlich schwerer als herkömmliche Kuchenteige. Es ist daher wichtig, die Teige nicht zu hoch in die Form zu füllen, da sonst der Kuchen speckig wird. Mit Ausnahme von Napf- und Kranzkuchenformen. In diese können Sie den Teig höher einfüllen, da sich durch den Kamin in der Mitte die Hitze besser im Kuchen verteilt.

Versuchen Sie also bei den Backformen in etwa in der gleichen Größe zu bleiben, z. B. lassen sich quadratische Backformen in einer Größe von 17 x 17 cm durch runde Backformen mit einem Durchmesser von 17 – 20 cm, einer großen Rehrückenform oder einer großen bzw. zwei kleinen Königskuchenformen ersetzen.
Bleibt etwas Teig über, füllen Sie diesen in ofenfeste Kaffeetassen oder Muffinförmchen und backen Sie diese gleich mit dem großen Kuchen mit.

KEINE KUCHENFORM ZUR HAND?

Durchforsten Sie Ihre Küche, es gibt meist genügend Geschirr, das man als Kuchenformen-Ersatz verwenden kann: ofenfeste Kochtöpfe und Pfannen mit ofenfesten Griffen, d. h. z. B. ohne Plastikgriffe (Achtung! Die Töpfe werden glühend heiß, daher niemals nach dem Backen mit bloßen Händen anfassen!), ofenfeste Kaffeetassen (fast alle Kaffeetassen sind ofenfest), ofenfeste Porzellanservierschüsseln, ofenfeste Gläser, Einkochgläser, Marmeladengläser etc.

OPTIMIERUNG DES BACKVORGANGS

Die Qualität des Backofens ist entscheidend dafür verantwortlich, ob ein Kuchen gelingt oder nicht. Minderwertige Backöfen leiten die Hitze oft schlecht oder ungleichmäßig. Erkennbar z. B. daran, dass Kuchen vorne noch hell, hinten aber schon dunkel bräunen.

Backöfen müssen ausreichend vorgeheizt werden, sonst geht der Kuchen nicht auf und wird speckig. Bei manchen Öfen dauert das bis zu 30 Minuten. Hochwertige Backöfen sind schon in wenigen Minuten heiß genug.
Wenn Sie über einen Ofen mit voreingestellten Programmen verfügen, z. B. ein Programm zum Backen von Hefeteig, dann verwenden Sie dieses. Mithilfe dieser Programme erreichen Sie meist das beste Backergebnis.

Backen Sie mit Heißluft, das spart Energie! Verwechseln Sie Heißluft nicht mit Umluft. Bei Heißluft wird die heiße Luft direkt in den Ofen geblasen und verteilt, bei Umluft wird keine Luft hineingeblasen, sondern nur die heiße Luft im Ofen mithilfe eines Ventilators verteilt, ist also weit weniger effizient. Im Vergleich zum Backen mit Unter-Oberhitze sparen Sie bei Heißluft Energie. Der Nachteil von Heißluft, das raschere Austrocknen des Gebäcks, spielt bei Vollkorngebäck kaum eine Rolle, da diese Teige von Haus aus weicher angerührt werden und dadurch beim Backen kaum austrocknen können.

Bevor Sie mit der Zubereitung beginnen, bereiten Sie bei allen Kuchen, für die Backpulver nötig ist, die Backform und sämtliche Zutaten vor, auch die Zutaten für den Belag. Diabetikerkuchen mit Backpulver als Backtriebmittel sollte innerhalb von 3 Minuten ab dem Zeitpunkt des Zusammenrührens im Backofen stehen, dann werden sie besonders locker und gehen besonders schön auf. Der Grund für dieses rasche Arbeiten liegt in der Zusammensetzung der Kuchen. Wird mit Fett und Zucker gespart, entfaltet das Backpulver deutlich schneller die Triebwirkung. Lässt man sich mit dem Einschieben in den Ofen zu lange Zeit oder rührt man zu lange, hat das Backpulver die Wirkung bereits verloren, noch bevor Sie den Kuchen in den Backofen geschoben haben. Mit dem Ergebnis, dass der Kuchen kaum mehr aufgeht oder speckig wird.

KUCHEN MIT ZUCKER BEPUDERN

Wenn Sie den Kuchen mit Puderzucker bestäuben möchten, reduzieren Sie die Zuckermenge im Rezept um jene Menge, die Sie zum Bestreuen verwenden. Meist genügt eine Menge von 10 g. D. h. statt 10 g Zucker im Rezept, 10 g Puderzucker zum Bestäuben verwenden.

KUCHEN IST IN DER MITTE TEIGIG?

Sie dachten der Kuchen wäre fertig gebacken, schneiden den ausgekühlten Kuchen auf und bemerken, dass er in der Mitte noch teigig ist? Kein Problem. Halbieren Sie den Kuchen entlang der teigigen Stelle, d. h. den Kuchen waagerecht halbieren. Legen Sie die beiden Hälften mit der teigigen Seite nach oben auf ein mit Backpapier ausgekleidetes Backblech. Evtl. den Kuchen noch in Scheiben schneiden und nebeneinander auflegen. Bei 180 °C Heißluft oder 200 °C Unter-Oberhitze so lange backen, bis der Kuchen knusprig wird. So entstehen knusprige Biskotti, die z. B. gut zu Kaffee oder Tee passen.

AUFBEWAHREN VON DIABETIKERBACKWAREN

Bewahren Sie Diabetikerkuchen mit geriebenem Apfel, Obst im Teig, Obst als Belag oder Cremebelag kühl auf, da sich rascher Schimmel im Kuchen bildet. Das ist erkennbar am Geruch und daran, dass sich „Fäden" beim Aufschneiden des Kuchens ziehen.
Im Sommer sollte der Kuchen bereits am 2. Tag in den Kühlschrank. Decken Sie ihn luftdicht ab, da Kuchen im Kühlschrank sehr schnell Fremdgerüche aufnimmt, z. B. den Geruch von Wurst, Käse oder Knoblauch.

Trockene Kuchen wie Hefeteig oder Biskuit am besten unter einer Kuchenhaube oder ersatzweise unter einer verkehrt aufgesetzten Schüssel aufbewahren, damit diese nicht so schnell austrocknen.

Kuchen ohne Cremebelag, z. B. Rührkuchen mit oder ohne Obst, Biskuitkuchen ohne Belag und Hefeteigkuchen lassen sich wunderbar tiefkühlen. Den Kuchen im Ganzen oder in Stücke geschnitten luftdicht verpacken, z. B. in einem Gefrierbeutel oder in einer Gefrierdose. So verpackt hält der Kuchen mindestens 3 Monate. Bilden sich im Kuchen weiße Flecken, handelt es sich um Gefrierbrand. Dieser entsteht, wenn der Kuchen nicht ausreichend luftdicht verpackt wurde. Der Kuchen trocknet aus und es bilden sich weiße Stellen im Gebäck. Diese weißen Stellen sind nicht gesundheitsschädlich, es handelt sich ja nur um ausgetrocknete Stellen, schmecken aber nicht mehr so gut.

Den gefrorenen Kuchen entweder auf ein Gitter geben und auftauen lassen – das dauert ein paar Stunden – oder aufbacken, entweder im Backofen oder kleine Stücke auf dem Aufbackgitter des Toasters. Zum Aufbacken im Ofen den Kuchen vorher mit Wasser bestreichen oder KURZ unter fließendes Wasser halten.

SÜSSES FÜR DEN KLEINEN HUNGER, SINGLES ODER ZU ZWEIT?

Jedes Rezept lässt sich auch in einer geringeren Menge zubereiten. Dazu einfach die Menge, angepasst an die Anzahl der Eier, reduzieren.

BEISPIEL SCHOKOTORTE

Hier bietet es sich an, die Menge durch 3 zu dividieren, da 3 Eier verwendet werden.

ORIGINALREZEPT

- Gewürze nach Belieben (z. B. 1 gehäufter TL Zimt, Schale von 1 Bio-Orange oder -Zitrone, evtl. 2 EL Rum)
- 3 Eier
- 15 g grob gehackte Bitterschokolade
- 50 g Wasser
- 100 g Öl, z. B. Rapsöl
- 25 g ungesüßtes Kakaopulver
- 70 g Zucker
- 4 g flüssiger Süßstoff
- 200 g Weizen- oder Dinkelvollkornmehl
- 1 Pck. Weinsteinbackpulver (16–18 g)

REDUZIERTES REZEPT

- Gewürze nach Belieben (1 gehäufter TL Zimt, Schale von 1 Bio-Orange oder -Zitrone, evtl. 2 EL Rum)
- 1 Ei
- 5 g grob gehackte Bitterschokolade
- 17 g Wasser
- 33 g Öl, z. B. Rapsöl
- 8 g ungesüßtes Kakaopulver
- 23 g Zucker
- 1 g und ein kleiner Schuss flüssiger Süßstoff
- 67 g Weizen- oder Dinkelvollkornmehl
- 5–6 g Weinsteinbackpulver

Anstatt in der angegebenen Backform, backen Sie den Mini-Kuchen in einer Kinder-Kuchenform, in Muffinförmchen oder in ofenfesten Kaffeetassen. Die Backzeit reduziert sich meist um ca. 10 Minuten. Am besten Sie führen 10 Minuten vor dem Backende eine Stäbchenprobe durch. Bleibt kein Teig mehr am Stäbchen kleben, ist der Kuchen fertig.

Rührkuchen

Rührkuchen eignen sich als Tortenboden, Kastenkuchen oder Blechkuchen. Aber auch als Törtchen in kleinen Formen gebacken, z. B. in Muffinförmchen, kleinen Napfkuchen oder in Tassen, sind diese Kuchenformen wunderbar für Diabetiker geeignet. Die Mengen lassen sich für kleine Kuchen auch gut halbieren.

5000g / d=1g

ZUBEREITUNG

Die Backform vorbereiten. Bei Verwendung eines Belags auch diesen vorbereiten. Den Backofen auf 170–180 °C Heißluft oder 190–200 °C Unter-Oberhitze vorheizen.

Bei Verwendung von Apfel den Apfel MIT DER SCHALE und GROB in eine Schüssel raspeln. Die restlichen Zutaten der Reihe nach in die Schüssel wiegen. Zum Schluss das Backpulver über das Mehl oder die trockenen Zutaten streuen. Ist das Backpulver klumpig, streichen Sie es durch ein Teesieb.

Zutaten für Rührkuchen mit Öl (links), Belag (vorn rechts) und die vorbereitete Backform (hinten rechts)

Fertiger Teig

Zuerst das Mehl (oder wenn kein Mehl verwendet wird, die trockenen Zutaten) mit dem Backpulver vermengen, dann alle Zutaten mit einer Teigkarte oder Gabel so rasch wie möglich verrühren. Niemals mit dem Mixer oder zu lange rühren, sonst wird der Kuchen speckig. Ist der Teig zu fest, noch etwas Wasser untermischen.

Den Teig in die vorbereitete Kuchenform füllen, eventuell belegen und sofort in den Backofen schieben. Je schneller der Teig in den Backofen geschoben wird, desto schöner geht der Kuchen auf. Lassen Sie sich zu lange Zeit, wird der Kuchen speckig, da das Backpulver die Triebwirkung verliert.

Je nach Teigmenge, Qualität der Form und Funktion des Backofens 30–60 Minuten backen.

Bei Rührkuchenteigen während des Backens den Backofen nicht öffnen! Der Kuchen fällt sonst zusammen und wird speckig. Gegen Ende der Garzeit, wenn also der Kuchen vollflächig hell gebräunt ist, können Sie den Backofen kurz öffnen und die Stäbchenprobe durchführen. Dazu einen Spieß in die Mitte des Kuchens stechen und wieder herausziehen. Es darf kein Teig mehr am Stäbchen kleben. Ist der Kuchen schon braun, aber noch nicht fertig gebacken, decken Sie den Kuchen mit Alufolie ab, reduzieren die Backtemperatur um ca. 20 °C und lassen den Kuchen fertig backen.

AUFBEWAHREN

Rührkuchen kühl und trocken lagern oder tiefkühlen. Rührkuchen eignen sich hervorragend zum Tiefkühlen. Dazu den Kuchen luftdicht verpacken, z. B. in einem Gefrierbeutel oder in einer Gefrierdose. Rührkuchen hält im Tiefkühler mindestens 3 Monate. Den Kuchen entweder bei Raumtemperatur auftauen lassen oder mit Wasser bestreichen und im Ofen aufbacken. Kleine Stücke können auch auf dem Toastgitter des Toasters aufgebacken werden.

SCHOKO-MANDEL-KUCHEN MIT HIMBEEREN

Für 1 runde Kuchenform, 24–28 cm Durchmesser, 10 Stücke, ersatzweise 12 Muffinförmchen

Belag

- 1 gute Handvoll Himbeeren (180 g), frisch oder gefroren, ersatzweise beliebiges anderes Obst

Rührteig mit Öl

- 2 Eier
- Schale von 1 Bio-Orange, ersatzweise Bio-Zitrone
- 2 Msp. Zimt
- 8 EL Milch (70 g)
- 8 EL Rapsöl (70 g)
- 50 g Zucker
- 4 g flüssiger Süßstoff
- 6 gehäufte EL Weizen- oder Dinkelvollkornmehl (90 g)
- 3 sehr gut gehäufte EL geröstete, geriebene Mandeln (45 g)
- 1 gut gehäufter EL ungesüßtes Kakaopulver (15 g)
- 1 Pck. Weinsteinbackpulver (16–18 g)

1 Backform und Belag vorbereiten.

2 Backofen auf 170 °C Heißluft oder 190 °C Unter-Oberhitze vorheizen.

3 Die Zutaten der Reihe nach in eine Schüssel geben. Zum Schluss das Backpulver auf die trockenen Zutaten streuen und mit einem Schneebesen unter die trockenen Zutaten mengen. Alle Zutaten mit dem Schneebesen rasch zu einem sehr weichen Teig verrühren.

4 Den Teig sofort in die Kuchenform füllen, die Himbeeren darüber verteilen und ca. 35–45 Minuten backen. Der Kuchen ist fertig gebacken, wenn bei der Stäbchenprobe kein Teig mehr am Stäbchen kleben kleben bleibt (vgl. S. 84).

PRO STÜCK: 169 kcal; 4 g Eiweiß; 11 g Fett; 13 g Kohlenhydrate; 1,1 BE; 1,3 KHE

APFELTÖRTCHEN

Für 6 Törtchen à 2 Portionen oder 12 Muffins

Belag

- 1 Apfel (150 g)

Rührteig mit Butter

- 120 g hochwertige Butter
- 3 Msp. gemahlene Vanilleschote
- Schale von 1 Bio-Orange oder -Zitrone
- 50 g Zucker
- 3 g flüssiger Süßstoff
- 3 Eier
- 120 g Weizen- oder Dinkelvollkornmehl
- ½ Pck. Weinsteinbackpulver (8–9 g)
- kaltes Wasser nach Bedarf

1 Backform vorbereiten. Den Apfel ungeschält halbieren, Kerngehäuse entfernen, in 6 bzw. bei Verwendung von Muffinförmchen in 12 Spalten schneiden.

2 Backofen auf 170–180 °C Heißluft oder 190–200 °C Unter-Oberhitze vorheizen.

3 Butter in einem Topf schmelzen, der so groß ist, dass alle Zutaten darin Platz haben. Die Butter nur schmelzen, nicht aufkochen. Ist die Butter zu heiß, wird der Teig zäh!

4 Den Topf vom Herd nehmen. Die restlichen Zutaten der Reihe nach hinzufügen. Dabei das Backpulver über das Mehl streuen und mit einer Gabel unter das Mehl mischen.

5 Alle Zutaten mit einer Gabel oder Teigkarte vermengen. Nicht zu lange rühren, sonst verliert das Backpulver die Wirkung und die Törtchen werden speckig. So viel Wasser hinzufügen, dass ein glatter, weicher, aber nicht zu flüssiger Teig entsteht.

6 Den Teig rasch in die Backformen füllen. Ebenfalls rasch mit je einer Apfelspalte belegen, sofort in den Backofen schieben und ca. 40–45 Minuten backen. Die Törtchen bzw. Muffins sind fertig gebacken, wenn bei der Stäbchenprobe kein Teig mehr am Stäbchen kleben bleibt (vgl. S. 84). Bei Muffins genügt eine Backdauer von 30–40 Minuten.

PRO PORTION: 150 kcal; 3 g Eiweiß; 10 g Fett; 12 g Kohlenhydrate; 1,0 BE; 1,2 KHE

Geschmolzene Butter

Sämtliche Zutaten

Fertiger Teig

Befüllte Backform

ROTWEINKRANZ

Für 1 mittelgroße runde Kranzform,
ca. 20 cm Durchmesser, 10 Stücke

Rührteig (vgl. Bilder S. 40)

- 100 g Butter
- 50 g Zucker
- 4 g flüssiger Süßstoff
- ½ TL Zimt oder Lebkuchengewürz
- 2 Eier
- 15 g Schokostreusel
- 50 g geriebene Walnüsse
- 1 gehäufter EL ungesüßtes Kakaopulver (15 g)
- 150 g Weizen- oder Dinkelvollkornmehl
- ½ Pck. Weinsteinbackpulver (8–9 g)
- 120 g trockener Rotwein

1 Backform vorbereiten.
2 Backofen auf 170–180 °C Heißluft oder 190–200 °C Unter-Oberhitze vorheizen.
3 Butter in einem Topf schmelzen, der so groß ist, dass alle Zutaten darin Platz haben. Die Butter nur schmelzen, nicht aufkochen. Ist die Butter zu heiß, wird der Teig zäh! Den Topf vom Herd nehmen.
4 Die restlichen Zutaten der Reihe nach hinzufügen. Dabei das Backpulver über das Mehl streuen und mit einer Gabel unter das Mehl mischen. Alle Zutaten mit einem Schneebesen, am besten einem Kugelschneebesen, vermengen. Nicht zu lange rühren, sonst verliert das Backpulver die Wirkung und der Kuchen wird speckig.
5 Den Teig rasch in die Backform füllen und sofort im Backofen ca. 45–60 Minuten backen. Der Kuchen ist fertig gebacken, wenn bei der Stäbchenprobe kein Teig mehr am Stäbchen kleben bleibt (vgl. S. 84).

PRO STÜCK: 210 kcal; 4 g Eiweiß; 14 g Fett; 16 g Kohlenhydrate; 1,3 BE; 1,6 KHE

MÖHRENKRANZ ▶

Für 1 mittelgroße runde Kranzform,
ca. 20 cm Durchmesser, 10 Stücke

Rührteig

- Schale von 1 Bio-Zitrone oder -Limette
- 150 g Karotten
- Saft von 1 Bio-Zitrone oder -Limette (ca. 20 g)
- ½ TL Zimt
- 3 Eier
- 3 g flüssiger Süßstoff
- ca. 50 g kaltes Wasser
- 60 g Zucker
- 130 g beliebige geriebene Nüsse, wenn möglich geröstet
- 40 g Weizen- oder Dinkelvollkornmehl
- 20 g Weizen- oder Dinkelvollkorngrieß
- ½ Pck. Weinsteinbackpulver (8–9 g)

1 Backform vorbereiten.
2 Backofen auf 170 °C Heißluft oder 190 °C Unter-Oberhitze vorheizen.
3 Die Zitronenschale und die Karotten in eine Schüssel raspeln. Den Saft der Zitrone dazu pressen und mit den Karotten vermengen. Die restlichen Zutaten der Reihe nach hinzufügen. Dabei das Backpulver über das Mehl streuen und mithilfe einer Gabel unter das Mehl mischen.
4 Alle Zutaten mit der Gabel rasch vermengen. Den Teig sofort in die Backform füllen und im Backofen ca. 45–60 Minuten backen. Der Kuchen ist fertig gebacken, wenn bei der Stäbchenprobe kein Teig mehr am Stäbchen kleben bleibt (vgl. S. 84).

PRO STÜCK: 159 kcal; 4 g Eiweiß; 10 g Fett; 13 g Kohlenhydrate; 1,1 BE; 1,3 KHE

KOKOSKUCHEN

Für 1 mittelgroße runde Backform, ca. 20 cm Durchmesser, 10 Stücke

Belag

- 200 g Waldbeeren, frisch oder gefroren

Rührteig (vgl. Bilder S. 38)

- ½ Apfel mit Schale (70 g)
- 40 g Öl
- 1 Ei
- 125 g Milch oder Kokosmilch
- Schale und Saft von ½ Bio-Zitrone oder Schale von ½ und Saft von ¼ Bio-Orange (ca. 10 g Saft)
- ½ TL gemahlene Vanilleschote
- 30 g Zucker
- 4 g flüssiger Süßstoff
- 50 g Kokosflocken
- 100 g Weizen- oder Dinkelvollkornmehl
- ½ Pck. Weinsteinbackpulver (8–9 g)

1 Backform und Belag vorbereiten.

2 Backofen auf 170–180 °C Heißluft oder 190–200 °C Unter-Oberhitze vorheizen.

3 Den Apfel in eine Schüssel raspeln. Die restlichen Zutaten der Reihe nach hinzufügen. Dabei das Backpulver über das Mehl streuen und mithilfe eines Teigspatels unter das Mehl mischen. Alle Zutaten mit dem Spatel rasch zu einem flüssigen Teig vermengen.

4 Den Teig sofort in die Backform füllen, rasch belegen und im Backofen ca. 40–50 Minuten backen. Der Kuchen ist fertig gebacken, wenn bei der Stäbchenprobe kein Teig mehr am Stäbchen kleben bleibt (vgl. S. 84).

HINWEIS: Der Teig ist sehr weich, dickt aber beim Backen nach, da die Kokosflocken sehr viel Flüssigkeit aufsaugen.

PRO STÜCK: 145 kcal; 3 g Eiweiß; 9 g Fett; 14 g Kohlenhydrate; 1,2 BE; 1,4 KHE

MOHNTORTE MIT ERDBEEREN

Für 1 mittelgroße runde Backform, ca. 20 cm Durchmesser, 10 Stücke

Belag

- 150 g Erdbeeren, frisch oder gefroren, ersatzweise beliebige andere Beeren (z. B. Äpfel oder Kirschen)

Rührteig

- ½ Apfel mit Schale (70 g), grob geraspelt
- Schale von 1 Bio-Zitrone oder -Orange
- Saft 1 Bio-Zitrone oder ½ Bio-Orange (20 g Saft)
- 1 TL Zimt oder Lebkuchengewürz
- 40 g Zucker
- ca. 30 g kaltes Wasser
- 10 g Rum
- 6 g flüssiger Süßstoff
- 100 g Milch
- 100 g Ricotta oder saure Sahne
- 1 Ei
- 100 g Mohn
- 100 g Weizen- oder Dinkelvollkornmehl
- ½ Pck. Weinsteinbackpulver (8–9 g)

1 Backform und Belag vorbereiten.

2 Backofen auf 170–180 °C Heißluft oder 190–200 °C Unter-Oberhitze vorheizen.

3 Alle Zutaten der Reihe nach in eine Schüssel geben. Das Backpulver über das Mehl streuen und mithilfe einer Gabel unter das Mehl mischen. Alle Zutaten mit der Gabel rasch vermengen.

4 Den Teig sofort in die Backform füllen. Rasch belegen, dazu die Erdbeeren zur Hälfte in den Teig drücken. Im Backofen ca. 50–60 Minuten backen. Der Kuchen ist fertig gebacken, wenn bei der Stäbchenprobe kein Teig mehr am Stäbchen kleben bleibt (vgl. S. 84).

TIPP: Den Kuchen kühl, am besten luftdicht zugedeckt und im Kühlschrank, aufbewahren, da er rasch verdirbt.

PRO STÜCK: 138 kcal; 5 g Eiweiß; 7 g Fett; 13 g Kohlenhydrate; 1,1 BE; 1,3 KHE

NAPFKUCHEN OHNE MEHL

Für 1 mittleren Napfkuchen, 14–16 cm Innendurchmesser, 14 kleine Stücke

Rührteig (vgl. Bilder S. 40)

- 70 g hochwertige Butter
- Schale von 1 Bio-Zitrone, -Orange oder -Limette
- 1 TL Zimtpulver
- 1 Msp. Nelkenpulver
- 1 Msp. Pimentpulver
- 50 g Zucker
- 2 g flüssiger Süßstoff
- 3 Eier
- 70 g Mandeln oder beliebige andere Nüsse, geröstet und gerieben
- 40 g Paniermehl (wenn möglich Vollkorn)
- 70 g Brombeeren oder anderes Obst, frisch oder gefroren (großes Obst in kleine Stücke schneiden)
- 1 ½ gut gehäufte TL Weinsteinbackpulver (6 g)

1 Backform vorbereiten.
2 Backofen auf 170 °C Heißluft oder 190 °C Unter-Oberhitze vorheizen.
3 Butter in einem Topf schmelzen, der so groß ist, dass alle Zutaten darin Platz haben. Nicht kochen, nur schmelzen! Vom Herd nehmen.
4 Alle weiteren Zutaten der Reihe nach hinzufügen. Die Brombeeren auf den trockenen Zutaten verteilen und etwas mit den trockenen Zutaten vermischen, so sinken sie beim Backen weniger ab. Zum Schluss in die trockenen Zutaten eine Grube drücken, das Backpulver in die Grube schütten und mit einem Teigspatel unter die trockenen Zutaten mischen.
5 Anschließend alle Zutaten mit dem Teigspatel rasch verrühren. Je kürzer Sie rühren, desto luftiger wird der Napfkuchen. Es genügt ein kurzes Vermengen, nur so, dass alle Zutaten gleichmäßig vermischt sind. Wird die Masse zu lange oder mit dem Mixer gerührt, schmeckt der Napfkuchen speckig. Wenn Sie die Masse mit dem Schneebesen verrühren, bilden sich in der Mitte des Schneebesens Klumpen.
6 Den Teig rasch in der Form verteilen (sie ist nur zu drei Viertel gefüllt) und sofort in den Backofen schieben. Je schneller der Teig im Backofen steht, desto schöner geht der Napfkuchen auf! 40–50 Minuten backen. Der Kuchen ist fertig gebacken, wenn bei der Stäbchenprobe kein Teig mehr am Stäbchen kleben bleibt (vgl. S. 84).

PRO STÜCK: 110 kcal; 3 g Eiweiß; 8 g Fett; 6 g Kohlenhydrate; 0,5 BE; 0,6 KHE

GEWÜRZRÖSCHEN

Für 6 Rosenmuffins, ersatzweise 6 normale Muffins oder ofenfeste Kaffeetassen

Rührteig (vgl. Bilder S. 40)

- 50 g hochwertige Butter
- ½ Apfel mit Schale (70 g), grob geraspelt
- Schale von 1 Bio-Zitrone
- Saft von ½ Bio-Zitrone (ca. 15 g)
- 1 Msp. Nelkenpulver
- 3 Msp. gemahlene Vanilleschote
- 2 Msp. Zimtpulver
- 1 haselnussgroßes Stück Ingwer, fein gerieben
- 1 Ei
- 40 g Zucker
- 2 g flüssiger Süßstoff
- 50 g gehackte oder geriebene Mandeln
- 100 g Weizen- oder Dinkelvollkornmehl
- ½ Pck. Weinsteinbackpulver (8–9 g)
- ca. 50 g Wasser

1 Backform vorbereiten.
2 Backofen auf 170–180 °C Heißluft oder 190–200 °C Unter-Oberhitze vorheizen.
3 Butter in einem Topf schmelzen, der so groß ist, dass alle Zutaten darin Platz haben. Die Butter nur schmelzen, nicht aufkochen. Ist die Butter zu heiß, wird der Teig zäh!
4 Den Topf vom Herd nehmen. Die restlichen Zutaten der Reihe nach hinzufügen. Dabei das Backpulver über das Mehl streuen und mit einer Gabel zunächst unter das Mehl mischen.
5 Alle Zutaten mit einer Gabel oder Teigkarte vermengen. Nicht zu lange rühren, sonst verliert das Backpulver die Wirkung und der Kuchen wird speckig. So viel Wasser hinzufügen, dass ein glatter, weicher, aber nicht zu flüssiger Teig entsteht.
6 Den Teig rasch in die Backform füllen und im Backofen ca. 35–45 Minuten backen. Der Kuchen ist fertig gebacken, wenn bei der Stäbchenprobe kein Teig mehr am Stäbchen kleben bleibt (vgl. S. 84).

TIPP: Verfeinern Sie den Teig mit getrockneten und mit der Hand zerriebenen aromatischen Bio-Rosenblättern! Achtung: Die Rosen dürfen nicht mit gesundheitsschädlichen Düngern gedüngt worden sein.

PRO STÜCK: 214 kcal; 5 g Eiweiß; 13 g Fett; 19 g Kohlenhydrate; 1,6 BE; 1,9 KHE

MARMOR-KÖNIGSKUCHEN MIT WALNÜSSEN

Für 1 Königskuchenform/Kastenkuchenform, 25 cm, 10 Stücke

Dunkle Masse

- 15 g ungesüßtes Kakaopulver
- 30 g Wasser
- 10 g Rum

Rührteig (vgl. Bilder S. 40)

- 100 g Butter
- 50 g Öl
- 4 Eier
- 70 g Zucker
- 5 g flüssiger Süßstoff
- ½ TL Vanilleschotenmark
- 2 Msp. Zimt
- 250 g Weizen- oder Dinkelvollkornmehl
- 1 Pck. oder 1 gut gehäufter EL Weinsteinbackpulver (16–18 g)
- ca. 20 g Wasser

Einlage

- 30 g Walnüsse, mit der Hand zerbröckelt

1 Backform vorbereiten. Die Zutaten für die dunkle Masse in eine kleine Tasse geben und glatt rühren.

2 Backofen auf 170–180 °C Heißluft oder 190–200 °C Unter-Oberhitze vorheizen.

3 Butter in einem Topf schmelzen, der so groß ist, dass alle Zutaten darin Platz haben. Nicht kochen, nur schmelzen, sonst wird der Teig zäh! Vom Herd nehmen.

4 Alle weiteren Zutaten der Reihe nach hinzufügen. Das Backpulver über dem Mehl verteilen und mit einer Gabel untermischen. Danach alle Zutaten mit der Gabel rasch vermengen. Je kürzer Sie rühren, desto luftiger wird der Kuchen. So viel Wasser hinzufügen, dass ein weicher, aber nicht flüssiger Teig entsteht.

5 Die Hälfte des Teigs in die Form füllen. In die verbliebene Masse das Kakaogemisch und die Nüsse mithilfe einer Gabel einrühren. Den dunklen Teig rasch auf dem hellen Teig verteilen, evtl. mit der Gabel durch den Teig ziehen. Rasch in den Backofen schieben und 45–55 Minuten backen. Der Kuchen ist fertig gebacken, wenn bei der Stäbchenprobe kein Teig mehr am Stäbchen kleben bleibt (vgl. S. 84).

PRO STÜCK: 284 kcal; 6 g Eiweiß; 18 g Fett; 23 g Kohlenhydrate; 1,9 BE; 2,3 KHE

SCHOKOTORTE

Für 1 runde Kuchenform,
ca. 24–28 cm Durchmesser, 12 Stücke

Rührteig (vgl. Bilder S. 38)

- Gewürze nach Belieben (z. B. 1 gehäufter TL Zimt, Schale von 1 Bio-Orange oder -Zitrone, evtl. 2 EL Rum)
- 3 Eier
- 15 g grob gehackte Bitterschokolade
- 50 g Wasser
- 100 g Öl (z. B. Rapsöl)
- 25 g ungesüßtes Kakaopulver
- 70 g Zucker
- 4 g flüssiger Süßstoff
- 200 g Weizen- oder Dinkelvollkornmehl
- 1 Pck. Weinsteinbackpulver (16–18 g)

1 Backform vorbereiten.
2 Backofen auf 170–180 °C Heißluft oder 190–200 °C Unter-Oberhitze vorheizen.
3 Eine Schüssel auf eine Küchenwaage stellen. Nacheinander die Zutaten in die Schüssel wiegen. Dazwischen nicht umrühren!
4 Zum Schluss in das Mehl eine Vertiefung drücken und das Backpulver hineinstreuen. Mit einer Teigkarte oder einer Gabel zuerst das Backpulver mit dem Mehl vermischen, dann mit den restlichen Zutaten rasch verrühren. Nicht zu lange rühren, sonst wird der Kuchen speckig.
5 Den Teig mithilfe einer Teigkarte in die Form einfüllen. Sofort in den Backofen schieben und 25–40 Minuten backen. Der Kuchen ist fertig gebacken, wenn bei der Stäbchenprobe kein Teig mehr am Stäbchen kleben bleibt (vgl. S. 84).

HINWEIS: Nach Einrühren des Backpulvers rasch arbeiten, sonst geht der Kuchen nicht mehr auf oder wird speckig. Der Kuchen trocknet schnell aus, daher am besten ofenwarm genießen oder in einem Kuchenbehälter aufbewahren! Tipp für mehr Saftigkeit: ½ Apfel mit Schale GROB reiben und in den Teig mischen.

PRO STÜCK: 181 kcal; 4 g Eiweiß; 11 g Fett; 17 g Kohlenhydrate; 1,4 BE; 1,7 KHE

SCHOKO-KOKOS-RUM-SCHNITTEN

Für 1 mittelgroße Königskuchenform/ Kastenkuchenform, 20 cm, 8 Stücke

Rührteig
- ⅓ Apfel mit Schale (50 g)
- 1 gestrichener EL ungesüßtes Kakaopulver (10 g)
- 2 EL Rum (16 g)
- 80 g Naturjoghurt
- 1 Ei
- 40 g Mandeln
- 10 g Kokosflocken
- 30 g Zucker
- 1 g flüssiger Süßstoff
- 70 g Weizen- oder Dinkelvollkornmehl
- 1 ½ TL Weinsteinbackpulver (6 g)
- ca. 20–40 g Wasser

1 Backform vorbereiten.
2 Backofen auf 170–180 °C Heißluft oder 190–200 °C Unter-Oberhitze vorheizen.
3 Den Apfel grob in eine Schüssel raspeln. Die restlichen Zutaten der Reihe nach hinzufügen. Dabei das Backpulver über das Mehl streuen und mit einer Gabel unter das Mehl mischen.
4 Alle Zutaten mit der Gabel vermengen. Nicht zu lange rühren, sonst verliert das Backpulver die Wirkung und der Kuchen wird speckig. So viel Wasser hinzufügen, dass ein weicher, aber nicht zu flüssiger Rührteig entsteht.
5 Den Teig rasch in die Backform füllen und im Backofen ca. 40–50 Minuten backen. Der Kuchen ist fertig gebacken, wenn bei der Stäbchenprobe kein Teig mehr am Stäbchen kleben bleibt (vgl. S. 84).

PRO STÜCK: 106 kcal; 4 g Eiweiß; 5 g Fett; 11 g Kohlenhydrate; 0,9 BE; 1,1 KHE

NUSSTORTE

Für 1 runde, flache Kuchenform, ca. 24–28 cm Durchmesser, 12 Stücke

Rührteig (vgl. Bilder S. 40)
- 80 g Butter
- 3 g flüssiger Süßstoff
- 3 Eier
- Gewürze (Vanille und Zimt)
- ½ Apfel mit Schale (70 g), grob geraspelt
- 60 g Zucker
- 160 g beliebige Nüsse, gerieben
- 50 g Weizen- oder Dinkelvollkornmehl
- ½ Pck. Weinsteinbackpulver (8–9 g)
- ca. 20 g Wasser

Bestreuen
- ca. 10 g beliebige gehackte Nüsse

1 Backform vorbereiten.
2 Backofen auf 170 °C Heißluft oder 190 °C Unter-Oberhitze vorheizen.
3 Butter in einem Topf schmelzen, der so groß ist, dass alle Zutaten darin Platz haben. Nicht kochen, nur schmelzen, sonst wird der Teig zäh! Vom Herd nehmen.
4 Alle weiteren Zutaten der Reihe nach hinzufügen. In das Mehl eine Vertiefung drücken, das Backpulver hineingeben und mit einer Gabel unter das Mehl mischen. Alle Zutaten mit der Gabel verrühren. Ggf. etwas Wasser hinzufügen.
5 Den Teig rasch in der Form verteilen. Mit den Nüssen bestreuen. Sofort in den Backofen schieben. Ca. 45 Minuten backen. Der Kuchen ist fertig gebacken, wenn bei der Stäbchenprobe kein Teig mehr am Stäbchen kleben bleibt (vgl. S. 84).

PRO STÜCK: 199 kcal; 4 g Eiweiß; 16 g Fett; 10 g Kohlenhydrate; 0,8 BE; 1,0 KHE

MARMOR-NAPFKUCHEN

Für 1 mittelgroße Napfkuchenform, 14–16 cm Innendurchmesser, 14 kleine Stücke

Dunkle Masse

- 10 g ungesüßtes Kakaopulver
- ca. 4 EL Wasser (32 g)
- ½ TL Zimtpulver

Rührteig (vgl. Bilder S. 40)

- 50 g Butter
- ½ TL gemahlene Vanilleschote
- 50 g Zucker
- 2 g flüssiger Süßstoff
- 1 Ei
- 200 g Weizen- oder Dinkelvollkornmehl
- ½ Pck. Weinsteinbackpulver (8–9 g)
- 125 g Milch
- Wasser nach Bedarf (ca. 20 g)

1 Backform vorbereiten. Die Zutaten für die dunkle Masse in eine kleine Tasse geben und glatt rühren.

2 Backofen auf 170 °C Heißluft oder 190 °C Unter-Oberhitze vorheizen.

3 Butter in einem Topf schmelzen, der so groß ist, dass alle Zutaten darin Platz haben. Nicht kochen, nur schmelzen, sonst wird der Teig zäh! Vom Herd nehmen.

4 Alle weiteren Zutaten der Reihe nach hinzufügen. In das Mehl eine Vertiefung drücken und das Backpulver mit einem Teigspatel unter das Mehl mischen.

5 Alle Zutaten mit dem Teigspatel verrühren. Die Milch und so viel Wasser hinzufügen, dass ein kompakter, nicht zu fester Teig entsteht. Der Teig darf nicht zu flüssig sein, sonst wird der Napfkuchen speckig. Ist der Teig zu fest, wird der Napfkuchen trocken und hart. Je kürzer Sie rühren, desto luftiger wird der Napfkuchen. Es genügt ein kurzes Vermengen, nur so, dass alle Zutaten gleichmäßig vermischt sind. Wird die Masse zu lange oder mit dem Mixer gerührt, wird der Teig zäh und damit der Napfkuchen speckig- gummiartig.

6 Ein Drittel des Teiges in der Form verteilen. Den restlichen Teig in dem Topf halbieren. In eine Hälfte das Kakaogemisch mit der Gabel einrühren. Den dunklen Teig in die Form füllen und mit dem restlichen hellen Teig abdecken. Evtl. mit der Gabel in der Mitte der Form einmal eine Runde durchziehen. Glatt streichen.

7 Den Napfkuchen rasch in den Backofen schieben. Je schneller der Teig im Backofen steht, desto schöner geht der Napfkuchen auf! Ca. 45 Minuten backen. Der Napfkuchen ist fertig gebacken, wenn bei der Stäbchenprobe kein Teig mehr am Stäbchen kleben bleibt (vgl. S. 84). Die Form ist nach dem Backen fast gefüllt.

TIPP: Füllen Sie abwechselnd mit einem Löffel hellen und dunklen Teig in die Form, dann entsteht ein besonders schönes Muster. Auch hier bitte rasch arbeiten, sonst geht der Napfkuchen nicht mehr auf.

PRO STÜCK: 100 kcal; 3 g Eiweiß; 4 g Fett; 13 g Kohlenhydrate; 1,1 BE; 1,3 KHE

PFLAUMEN-APRIKOSEN-GEWÜRZKUCHEN

Für 1 runde Kuchenform, ca. 24–28 cm Durchmesser, 12 Stücke

Belag

- je 200 g Pflaumen und Aprikosen, frisch oder gefroren

Rührteig

- 1 Apfel mit Schale (150 g), geraspelt
- 3 Eier
- 1 TL Zimt und 2 Msp. Nelkenpulver
- ½ TL gemahlene Vanilleschote
- Schale und Saft von 1 Bio-Zitrone oder -Limette oder Schale von 1 und Saft von ½ Bio-Orange
- 1 Msp. Ingwerpulver
- je 1 Prise Muskatnuss und evtl. Chilipulver
- 1 Becher Ricotta oder saure Sahne (250 g)
- knapp ½ Becher Öl (100 g)
- 40 g Zucker
- 10 g flüssiger Süßstoff
- 1 Becher geröstete, gehackte Walnüsse (100 g)
- 1 Becher Weizen- oder Dinkelvollkornmehl (140 g)
- 1 Pck. Weinsteinbackpulver (16–18 g)

1 Backform und den Belag vorbereiten.
2 Backofen auf 170–180 °C Heißluft oder 190–200 °C Unter-Oberhitze vorheizen.
3 Alle Zutaten der Reihe nach in eine Schüssel geben. Dabei das Backpulver über das Mehl streuen und unter das Mehl mischen. Alle Zutaten mit dem Teigspatel rasch vermengen.
4 Den Teig sofort in die Backform füllen, rasch belegen und im Backofen ca. 40–50 Minuten backen. Der Kuchen ist fertig gebacken, wenn bei der Stäbchenprobe kein Teig mehr am Stäbchen kleben bleibt (vgl. S. 84).

PRO STÜCK: 260 kcal; 6 g Eiweiß; 19 g Fett; 17 g Kohlenhydrate; 1,4 BE; 1,7 KHE

GEWÜRZ-KÖNIGSKUCHEN ▸

Für 1 Königskuchenform/Kastenkuchenform, 25 cm, 10 Stücke

Rührteig (vgl. Bilder S. 38)

- ½ Apfel (70 g)
- Schale von 1 Bio-Zitrone oder -Orange
- 2 Msp. gemahlene Vanilleschote
- 1 gehäufter TL Lebkuchengewürz
- 3 Eier
- 100 g Öl
- 100 g saure Sahne
- ca. 30 g kalte Milch
- 60 g Zucker
- 6 g flüssiger Süßstoff
- 220 g Weizen- oder Dinkelvollkornmehl
- ½ Pck. Weinsteinbackpulver (8–9 g)

1 Backform vorbereiten.
2 Backofen auf 170–180 °C Heißluft oder 190–200 °C Unter-Oberhitze vorheizen.
3 Den Apfel grob in eine Schüssel raspeln. Die Zitronenschale dazureiben. Die restlichen Zutaten der Reihe nach hinzufügen. Dabei das Backpulver über das Mehl streuen und mit einer Gabel unter das Mehl mischen.
4 Alle Zutaten mit einer Gabel oder Teigkarte vermengen. Nicht zu lange rühren, sonst verliert das Backpulver die Wirkung und der Kuchen wird speckig. So viel Milch hinzufügen, dass ein glatter, weicher, aber nicht zu flüssiger Teig entsteht.
5 Den Teig rasch in die Backform füllen, in den Backofen schieben und ca. 45–55 Minuten backen. Der Kuchen ist fertig gebacken, wenn bei der Stäbchenprobe kein Teig mehr am Stäbchen kleben bleibt (vgl. S. 84).

PRO STÜCK: 232 kcal; 5 g Eiweiß; 14 g Fett; 21 g Kohlenhydrate; 1,8 BE; 2,1 KHE

SACHERTORTE

Für 1 mittelgroße runde Backform,
ca. 20 cm Durchmesser, 10 Stücke

Rührteig (vgl. Bilder S. 40)

- 50 g Butter
- 60 g dunkle Schokolade
- 20 g Öl
- 20 g Zucker
- 3 g flüssiger Süßstoff
- 3 Eier (Größe L)
- 1 gehäufter EL ungesüßtes Kakaopulver (15 g)
- 110 g Weizen- oder Dinkelvollkornmehl
- ½ Pck. Weinsteinbackpulver (8–9 g)
- 2 EL Rum (16 g), für Kinder Wasser verwenden

Füllung

- 130 g Aprikosenmarmelade (siehe Rezept Seite 86)

Glasur

- ½ Blatt Gelatine (1 g)
- 30 g Milch
- ½ TL ungesüßtes Kakaopulver (ca. 2 g)
- 25 g Schokolade, grob gehackt
- 10 g kalte Butter, in Stücken

1 Backform vorbereiten.
2 Backofen auf 170–180 °C Heißluft oder 190–200 °C Unter-Oberhitze vorheizen.
3 Für den Teig Butter und Schokolade in einem Topf schmelzen, der so groß ist, dass alle Zutaten darin Platz haben. Den Topf vom Herd nehmen. Die restlichen Zutaten der Reihe nach hinzufügen. Dabei das Backpulver über das Mehl streuen und mit einer Gabel unter das Mehl mischen.
4 Alle Zutaten mit einem Schneebesen, am besten einem Kugelschneebesen, zu einem eher flüssigen Teig vermengen. Nicht zu lange rühren, sonst verliert das Backpulver die Wirkung und der Kuchen wird speckig. Den Teig rasch in die Backform füllen und sofort in den Backofen schieben. Ca. 30–40 Minuten backen. Der Kuchen ist fertig gebacken, wenn bei der Stäbchenprobe kein Teig mehr am Stäbchen kleben bleibt (vgl. S. 84).
5 Den Kuchen nach dem Auskühlen einmal waagerecht durchschneiden. Die Marmelade aufkochen. Mit der Hälfte der Marmelade den Kuchenboden bestreichen. Den Kuchen wieder zusammensetzten. Die restliche Marmelade auf dem Kuchen und an den Seiten verteilen. Die Marmelade vollständig auskühlen lassen, sonst rutscht sie nach dem Glasieren mitsamt der Glasur vom Kuchen. Hinweis: Aufgrund des fehlenden Zuckers wird die Marmeladeschicht auch nach dem Stocken nicht glänzend!
6 Für die Glasur die Gelatine ca. 10 Minuten in kaltem Wasser einweichen. Milch und Kakaopulver verrühren und aufkochen. Vom Herd nehmen. Aus der Gelatine mit der Hand das Wasser ausdrücken. In die heiße Milch einrühren. Die Schokolade hinzufügen und unter Rühren schmelzen. Die kalte Butter untermischen. Die Glasur so lange rühren, bis die Konsistenz der einer herkömmlichen Glasur entspricht. Die Glasur auf die Mitte des Kuchens gießen und mithilfe einer Teigkarte oder eines Tortenspachtels auf dem Kuchen verteilen. Glasur, die vom Kuchen fließt, immer wieder nach oben schöpfen. An einem kühlen Ort stocken lassen, aber nicht im Kühlschrank, sonst verliert die Glasur den Glanz.

TIPPS zur Sachertorte auf der nächsten Seite (S. 58).

PRO STÜCK (einfache Glasurmenge):
192 kcal; 5 g Eiweiß; 12 g Fett; 15 g Kohlenhydrate; 1,3 BE; 1,5 KHE

PRO STÜCK (doppelte Glasurmenge):
214 kcal; 5 g Eiweiß; 14 g Fett; 17 g Kohlenhydrate; 1,4 BE; 1,7 KHE

SACHERMUFFINS

Für 12 Muffins

1 Aus dem Teig für die Sachertorte auf Seite 56 lassen sich auch Muffins zubereiten. Dafür die Schokolade vor dem Schmelzen raspeln und 10 g davon zum Dekorieren der Törtchen beiseitestellen. Den Teig wie bei der Sachertorte zubereiten und in die Muffinförmchen verteilen. Sofort in den Backofen schieben und 25 Minuten backen.
2 Die Muffins halbieren, mit der aufgekochten Marmelade füllen und wieder zusammensetzen.
3 Die Glasur wie im Tortenrezept beschrieben zubereiten und die Muffins mit der Glasur überziehen. Mit den Schokoladensplittern dekorieren und an einem kühlen Ort stocken lassen, aber nicht im Kühlschrank, sonst verliert die Glasur den Glanz.

PRO MUFFIN (einfache Glasurmenge):
160 kcal; 4 g Eiweiß; 10 g Fett; 13 g Kohlenhydrate; 1,1 BE; 1,3 KHE
PRO MUFFIN (doppelte Glasurmenge):
180 kcal; 4 g Eiweiß; 12 g Fett; 14 g Kohlenhydrate; 1,2 BE; 1,4 KHE

TIPPS:

- Den Rum nicht direkt über die Eier schütten, sonst flocken sie aus. Passiert das trotzdem, verrühren Sie den Teig. Nach dem Backen merkt man meist nichts mehr vom durch den Rum geronnenen Ei.
- Für den Rührteig die Butter und die Schokolade nur schmelzen, nicht aufkochen. Die Schokolade behält auch nach dem Schmelzen meist die Form, daher immer wieder umrühren, sonst kann es leicht passieren, dass man meint, die Schokolade wäre noch nicht geschmolzen und übersieht dabei, dass die Schokolade zu heiß wird. Ist die Schokolade zu heiß, beginnt sie zu bröckeln. Ist die Butter zu heiß, wird der Teig zäh!
- Da durch Verwendung der zuckerfreien Marmelade keine – wie bei herkömmlichen Sachertorten übliche – spiegelglatte Oberfläche entsteht, wird auch die Glasur nicht ganz glatt.
- Wer lieber eine dicke Schicht Glasur mag, kann die Menge der Glasur verdoppeln.
- Bleibt Glasur übrig, können Sie diese luftdicht zugedeckt im Kühlschrank aufbewahren. Vor Verwendung leicht erwärmen, aber NICHT kochen, sonst stockt die Glasur nicht mehr!
- Die Gelatine in der Glasur ermöglicht es, Schokolade durch Milch und Kakaopulver zu ersetzen und damit bei vollem Schokoladegeschmack Fett und Zucker zu sparen.

RÜBLITORTE

Für 1 mittelgroße runde Backform,
ca. 20 cm Durchmesser, 10 Stück

Rührteig
- 80 g Butter
- ½ Apfel mit Schale (70 g)
- Schale und Saft (ca. 20 g) von 1 Bio-Zitrone oder -Limette
- 150 g fein geraspelte Karotten
- ½ TL Zimt und evtl. 3 Msp. Lebkuchengewürz
- 3 Eier
- 5 g flüssiger Süßstoff
- 30 g Milch
- je 60 g Zucker und beliebige geriebene Nüsse (wenn möglich geröstet)
- 100 g Weizen- oder Dinkelvollkornmehl
- ½ Pck. Weinsteinbackpulver (8–9 g)
- evtl. etwas Wasser

1 Backform vorbereiten.
2 Backofen auf 170 °C Heißluft oder 190 °C Unter-Oberhitze vorheizen.
3 Butter in einem Topf schmelzen, der so groß ist, dass alle Zutaten darin Platz haben. Die Butter nur schmelzen, nicht aufkochen. Ist die Butter zu heiß, wird der Teig zäh! Den Topf vom Herd nehmen.
4 Apfel, Zitronenschale und Karotten in den Topf raspeln, Zitronensaft unterrühren Die restlichen Zutaten der Reihe nach hinzufügen. Dabei das Backpulver über das Mehl geben und mithilfe einer Gabel unter das Mehl mischen.
5 Alle Zutaten mit der Gabel rasch vermengen. Ist der Teig zu fest, noch etwas Wasser hinzufügen.
6 Den Teig sofort in die Backform füllen und im Backofen ca. 45–55 Minuten backen. Der Kuchen ist fertig gebacken, wenn bei der Stäbchenprobe kein Teig mehr am Stäbchen kleben bleibt (vgl. S. 84).

PRO STÜCK: 190 kcal; 4 g Eiweiß; 13 g Fett; 15 g Kohlenhydrate; 1,3 BE; 1,5 KHE

ZUCCHINIKUCHEN ▶

Für 1 mittelgroße runde Backform,
ca. 20 cm Durchmesser, 10 Stücke

Rührteig
- 20 g Apfel mit Schale
- 150 g Zucchini
- Schale von ½ Bio-Zitrone
- 2 Msp. Zimt
- 2 Msp. gemahlene Vanilleschote
- 2 Eier
- 7 g flüssiger Süßstoff
- 30 g Zucker
- 40 g Ricotta oder saure Sahne
- ca. 40 g kaltes Wasser
- 50 g geröstete Mandeln, gemahlen oder grob gehackte
- 100 g Weizen- oder Dinkelvollkornmehl
- ½ Pck. Weinsteinbackpulver (8–9 g)

1 Backform vorbereiten.
2 Backofen auf 170–180 °C Heißluft oder 190–200 °C Unter-Oberhitze vorheizen.
3 Den Apfel, die Zucchini und die Zitronenschale in eine Schüssel raspeln. Die restlichen Zutaten der Reihe nach hinzufügen. Dabei das Backpulver über das Mehl streuen und mithilfe eines Teigspatels unter das Mehl mischen.
4 Alle Zutaten mit dem Teigspatel rasch vermengen. Den Teig sofort in die Backform füllen und im Backofen ca. 40–50 Minuten backen. Der Kuchen ist fertig gebacken, wenn bei der Stäbchenprobe kein Teig mehr am Stäbchen kleben bleibt (vgl. S. 84).

PRO STÜCK: 100 kcal; 4 g Eiweiß; 5 g Fett; 10 g Kohlenhydrate; 0,8 BE; 1,0 KHE

OSTERLAMM MIT BEEREN

Für 1 Lammform, Fassungsvermögen 0,7 l

Rührteig (vgl. Bilder S. 40)
- 110 g hochwertige Butter
- 50 g Zucker
- 3 g flüssiger Süßstoff
- 2 Eier
- 3 Msp. gemahlene Vanilleschote
- Schale von 1 Bio-Zitrone, -Orange oder -Limette
- 60 g geriebene Mandeln
- 120 g Weizen- oder Dinkelvollkornmehl
- ½ Pck. Weinsteinbackpulver (8–9 g)
- evtl. kaltes Wasser

Außerdem
- 30 g Beeren, z. B. Johannisbeeren (Tiefkühl- oder Frischware)
- 10 g fein geriebene Mandeln für die Form

1 Beeren vorbereiten. Backofen auf 160–170 °C Heißluft oder 180–190 °C Unter-Oberhitze vorheizen. Ein Backblech auf die unterste Schiene des Backofens schieben.
2 Butter in einem Topf schmelzen, der so groß ist, dass alle Zutaten darin Platz haben. Die Butter nur schmelzen, nicht aufkochen, sonst wird der Teig zäh! Den Topf vom Herd nehmen.
3 Einen Pinsel in die geschmolzene Butter tauchen, die Form damit einfetten und mit Mandeln ausstreuen. Überschüssige Nüsse in den Topf zur Butter schütten.
4 Die restlichen Zutaten der Reihe nach zur Butter geben. Dabei das Backpulver und das Obst über das Mehl streuen und mit einer Gabel unter das Mehl mischen.
5 Alle Zutaten mit einer Gabel vermengen. Nicht zu lange rühren, sonst verliert das Backpulver die Wirkung und der Kuchen wird speckig. Den Teig rasch in die Backform füllen und mit einem Löffel etwas nach unten drücken, vor allem in den Kopfbereich. Mit der gefüllten Form (Öffnung nach oben) ein paar Mal auf eine Unterlage klopfen, damit etwaige Luftlöcher mit Teig ausgefüllt werden.
6 Die Form auf das Backblech stellen und das Lamm ca. 40–50 Minuten backen. Der Kuchen ist fertig gebacken, wenn bei der Stäbchenprobe kein Teig mehr am Stäbchen kleben bleibt (vgl. S. 84).

HINWEIS: Der Teig geht sehr auf und tropft eventuell sogar über die Form hinaus, daher ist es besser, die Form auf ein Blech und nicht auf ein Gitter zu stellen.

EIN GANZES LAMM: 1993 kcal; 41 g Eiweiß; 145 g Fett; 133 g Kohlenhydrate; 11,1 BE; 13,3 KHE

APFELKUCHEN

1 runde Kuchenform, 24–28 cm Durchmesser, 12 Stück

Belag
- Saft einer Bio-Zitrone (ca. 20 g)
- 1 Spr. Süßstoff
- ca. 400 g Äpfel

Rührteig (vgl. Bilder S. 40)
- 140 g Butter
- 70 g Zucker
- 6 g flüssiger Süßstoff
- Schale von 1 Bio-Zitrone
- ½ Apfel mit Schale (70 g), grob geraspelt
- ½ TL Zimtpulver
- 1 Msp. Nelkenpulver
- 120 g Ricotta oder saure Sahne
- 3 Eier
- 240 g Weizen- oder Dinkelvollkornmehl
- 1 Pck. oder 1 gut gehäufter EL Weinsteinbackpulver (16–18 g)
- evtl. etwas Wasser

1 Backform vorbereiten.
2 Belag vorbereiten. Dafür den Saft der Zitrone in eine Schüssel pressen, Süßstoff hinzufügen. Äpfel waschen, nicht schälen! Kleine Äpfel halbieren, große Äpfel vierteln oder achteln und das Kerngehäuse entfernen. An der Schalenseite fächerförmig ca. 2 mm tief einschneiden. Die Äpfel zum Zitronensaft geben und mit dem Saft gut vermischen, so werden die Äpfel nicht so schnell braun.
3 Backofen auf 170–180 °C Heißluft oder 190–200 °C Unter-Oberhitze vorheizen.
4 Für den Teig die Butter in einem Topf schmelzen, der so groß ist, dass alle Zutaten darin Platz haben. Die Butter nur schmelzen, nicht aufkochen. Ist die Butter zu heiß, wird der Teig zäh! Den Topf vom Herd nehmen.
5 Die restlichen Zutaten der Reihe nach hinzufügen. Dabei das Backpulver über das Mehl streuen und mit einer Gabel unter das Mehl mischen.
6 Alle Zutaten mit einer Gabel oder einem Kugelschneebesen vermengen. Nicht zu lange rühren, sonst verliert das Backpulver die Wirkung und der Kuchen wird speckig. Falls der Teig zu fest ist, noch etwas Wasser hinzufügen. So viel Wasser untermengen, dass ein glatter, weicher, aber nicht zu flüssiger Teig entsteht.
7 Den Teig rasch in die Backform füllen und sofort mit den Äpfeln belegen. Dabei die Äpfel in den Teig drücken. Den Kuchen im Backofen ca. 40–50 Minuten backen. Er ist fertig gebacken, wenn bei der Stäbchenprobe kein Teig mehr am Stäbchen kleben bleibt (vgl. S. 84).

TIPP: Sollen die Äpfel noch schöner glänzen, bereiten Sie einen Tortenguss nach Packungsangabe zu. Es genügt ¼ Beutel. Den Zucker ersetzen Sie durch einen Spritzer Süßstoff. Den Tortenguss mit einem Backpinsel auf den Äpfeln verteilen.

PRO STÜCK: 233 kcal; 5 g Eiweiß; 13 g Fett; 23 g Kohlenhydrate; 1,9 BE; 2,3 KHE

BROMBEERZOPF

Für 1 Zopfform, ersatzweise 1 großer Napfkuchen, 22–24 cm Innendurchmesser, 16 Stücke

Rührteig (vgl. Bilder S. 40)

- 140 g hochwertige Butter
- 80 g Zucker
- 7 g flüssiger Süßstoff
- 3 Eier
- beliebige Gewürze (z. B. Zimt, Nelken, Vanille, Bio-Zitronenschale, Ingwer etc.)
- ca. 80–125 g Milch (80 g Milch direkt in den Teig geben, den Rest nach Bedarf)
- 250 g Weizen- oder Dinkelvollkornmehl
- 130 g Brombeeren oder andere Beeren, frisch oder gefroren
- 1 Pck. oder 1 gut gehäufter EL Weinsteinbackpulver (16–18 g)

1 Backform vorbereiten.
2 Backofen auf 170 °C Heißluft oder 190 °C Unter-Oberhitze vorheizen.
3 Butter in einem Topf schmelzen, der so groß ist, dass alle Zutaten darin Platz haben. Nicht kochen, nur schmelzen! Vom Herd nehmen.
4 Alle weiteren Zutaten der Reihe nach hinzufügen. Das Obst auf dem Mehl verteilen. An der Schüssel rütteln, sodass das Obst rundherum mit Mehl bedeckt ist. In das Mehl eine Vertiefung drücken und das Backpulver mit einer Gabel unter das Mehl mischen.
5 Alle Zutaten mit der Gabel verrühren. So viel Milch hinzufügen, dass ein kompakter, nicht zu fester Teig entsteht. Der Teig darf nicht zu flüssig sein, sonst wird der Zopf speckig. Ist der Teig zu fest, wird der Zopf trocken und hart. Je kürzer Sie rühren, desto luftiger wird der Kuchen. Es genügt ein kurzes Vermengen, nur so, dass alle Zutaten gleichmäßig vermischt sind. Wird die Masse zu lange oder mit dem Mixer gerührt, wird der Teig zäh und der Kuchen speckig und gummiartig.
6 Den Teig rasch in der Form verteilen und sofort in den Backofen schieben. Je schneller der Teig im Backofen steht, desto schöner geht der Kuchen auf! 45–55 Minuten backen. Der Kuchen ist fertig gebacken, wenn bei der Stäbchenprobe kein Teig mehr am Stäbchen kleben bleibt (vgl. S. 84).

PRO STÜCK: 157 kcal; 3 g Eiweiß; 9 g Fett; 15 g Kohlenhydrate; 1,3 BE; 1,5 KH
GESAMTMENGE: 2509 kcal; 55 g Eiweiß; 145 g Fett; 246 g Kohlenhydrate; 20,5 BE; 24,6 KH

VANILLE-SCHOKO-HIMBEER-TORTE

Für 1 mittelgroße runde Backform, ca. 20 cm Durchmesser, 10 Stücke

Dunkle Masse

- 1 gehäufter EL Kakaopulver (10 g)
- 3 EL Wasser (24 g)
- 1 EL Rum (8 g)

Rührteig (vgl. Bilder S. 40)

- 150 g Butter
- 70 g Zucker
- 3 g flüssiger Süßstoff
- 2 Eier
- ½ TL Vanilleschotenmark
- 2 Msp. Zimtpulver
- 250 g Weizen- oder Dinkelvollkornmehl
- 12 g Weinsteinbackpulver
- ca. 60 g Wasser

Einlage

- 160 g Himbeeren

Bestreuen

- 10 g Mandelblättchen

1 Backform vorbereiten. Die Zutaten für die dunkle Masse in eine kleine Tasse geben und glatt rühren.

2 Backofen auf 170–180 °C Heißluft oder 190–200 °C Unter-Oberhitze vorheizen.

3 Butter in einem Topf schmelzen, der so groß ist, dass alle Zutaten darin Platz haben. Nicht kochen, nur schmelzen, sonst wird der Teig zäh! Vom Herd nehmen.

4 Alle weiteren Zutaten der Reihe nach hinzufügen. Das Backpulver über dem Mehl verteilen. Mit einer Gabel unter das Mehl mischen.

5 Danach alle Zutaten mit der Gabel rasch vermengen. Je kürzer Sie rühren, desto luftiger wird der Kuchen. So viel Wasser hinzufügen, dass ein weicher, aber nicht flüssiger Teig entsteht.

6 Etwa die Hälfte des Teigs in die Form füllen. Das Obst darüber verteilen. In die verbliebene helle Masse das Kakaogemisch mithilfe einer Gabel einrühren. Den Teig rasch auf dem Obst verteilen. Mit den Mandelsplittern bestreuen. Evtl. mit einem Spieß kreisförmig durch den Teig ziehen. Rasch in den Backofen schieben und 40–50 Minuten backen. Der Kuchen ist fertig gebacken, wenn bei der Stäbchenprobe kein Teig mehr am Stäbchen kleben bleibt (vgl. S. 84).

PRO STÜCK: 250 kcal; 5 g Eiweiß; 15 g Fett; 23 g Kohlenhydrate; 1,9 BE; 2,3 KHE

KAFFEE-NAPFKUCHEN

milchfrei

Für 1 mittleren Napfkuchen,
14–16 cm Innendurchmesser, 14 kleine Stücke

Rührteig (vgl. Bilder S. 38)

- 2 Eier (Größe M)
- 50 g Öl
- 50 g Zucker
- 5 g flüssiger Süßstoff
- 200 g Weizen- oder Dinkelvollkornmehl
- 40 g geriebene Mandeln
- 1 Pck. oder 1 gut gehäufter EL Weinsteinbackpulver (16–18 g)
- ca. 100 g kalter Kaffee, je nach Geschmack stark oder schwach

1 Backform vorbereiten.
2 Backofen auf 170 °C Heißluft oder 190 °C Unter-Oberhitze vorheizen.
3 Alle Zutaten der Reihe nach in eine Schüssel geben. In das Mehl eine Grube drücken, das Backpulver hineinschütten und mit einer Gabel in das Mehl mischen.
4 Alle Zutaten mit der Gabel verrühren. So viel Kaffee hinzufügen, dass ein sehr weicher, aber nicht zu flüssiger Teig entsteht.
5 Den Teig rasch in der Form verteilen und sofort in den Backofen schieben. Je schneller der Teig im Backofen steht, desto schöner geht der Napfkuchen auf! Ca. 45 Minuten backen. Der Napfkuchen ist fertig gebacken, wenn bei der Stäbchenprobe kein Teig mehr am Stäbchen kleben bleibt (vgl. S. 84).

TIPP: Der Teig darf weder zu flüssig, noch zu fest sein. Ein flüssiger Teig führt zu einem speckigen Napfkuchen, ein fester Teig zu einem trocknen, harten. Nur kurz rühren. Je kürzer Sie rühren, desto luftiger der Napfkuchen. Es genügt ein kurzes Vermengen, nur so, dass alle Zutaten gleichmäßig vermischt sind. Wird die Masse zu lange oder mit dem Mixer gerührt, schmeckt der Napfkuchen trocken oder sogar speckig. Wenn Sie die Masse mit dem Schneebesen verrühren, bilden sich in der Mitte des Schneebesens Klumpen.

VARIATION: Den Napfkuchen 1- oder 2-mal durchschneiden und mit kochend heißer Marmelade einer beliebigen Sorte bestreichen. Das Aufkochen der Marmelade ist wichtig, damit die einzelnen Kuchenschichten aneinander kleben, sonst verrutschen die Schichten beim Aufschneiden.

PRO STÜCK OHNE MARMELADE:
120 kcal; 3 g Eiweiß; 6 g Fett;
13 g Kohlenhydrate; 1,1 BE; 1,3 KHE

JOHANNISBEERKRANZ

Für 1 große runde Zopfform, ersatzweise eine Kranz- oder Napfkuchenform, ca. 24–28 cm Durchmesser, 12 Stücke

Belag

- 250 g schwarze Johannisbeeren oder andere Beeren, frisch oder gefroren

Rührteig (vgl. Bilder S. 38)

- Schale von 1 Bio-Zitrone, -Orange oder -Limette
- 3 Msp. gemahlene Vanilleschote
- 2 Eier
- ca. 30 g Wasser
- 9 g flüssiger Süßstoff
- 50 g Zucker
- 100 g Öl
- 250 g Ricotta oder saure Sahne
- 250 g Weizen- oder Dinkelvollkornmehl
- 1 Pck. Weinsteinbackpulver (16–18 g)

1 Backform und Belag vorbereiten.
2 Backofen auf 170–180 °C Heißluft oder 190–200 °C Unter-Oberhitze vorheizen.
3 Alle Zutaten der Reihe nach in eine Schüssel geben. Dabei das Backpulver über das Mehl streuen und mithilfe einer Gabel unter das Mehl mischen. Alle Zutaten mit der Gabel rasch vermengen. Den Teig sofort in die Backform füllen. Rasch belegen und im Backofen ca. 40–55 Minuten backen. Der Kuchen ist fertig gebacken, wenn bei der Stäbchenprobe kein Teig mehr am Stäbchen kleben bleibt (vgl. S. 84).

TIPP: Saftiger wird der Kuchen, wenn Sie einen halben mit Schale grob geraspelten Apfel in den Teig mischen.

PRO STÜCK: 217 kcal; 6 g Eiweiß; 13 g Fett; 19 g Kohlenhydrate; 1,6 BE; 1,9 KHE

HAFERHERZEN

Für 6 Herzmuffins, ersatzweise beliebige Muffinformen oder ofenfeste Kaffeetassen

Rührteig

- 1 Ei
- 1 gehäufter TL Zimt
- 2 Msp. gemahlene Vanilleschote
- Schale von ½ Bio-Zitrone
- 60 g Naturjoghurt
- 40 g Öl
- 20 g Zucker
- 3 g flüssiger Süßstoff
- 40 g grobe Vollkornhaferflocken
- 50 g Weizen- oder Dinkelvollkornmehl
- 1 TL Weinsteinbackpulver (4 g)

1 Muffinform vorbereiten.
2 Backofen auf 170–180 °C Heißluft oder 190–200 °C Unter-Oberhitze vorheizen.
3 Die Zutaten der Reihe nach in eine Schüssel geben. Zum Schluss das Backpulver über das Mehl sieben und mit dem Mehl vermischen.
4 Alle Zutaten in wenigen Sekunden mit einer Gabel verrühren. Je kürzer Sie den Teig rühren, desto luftiger wird der Kuchen! Den Teig in die vorbereitete Muffinform streichen und im Backofen ca. 35–45 Minuten backen. Der Kuchen ist fertig gebacken, wenn bei der Stäbchenprobe kein Teig mehr am Stäbchen klebt (vgl. S. 84).

PRO STÜCK: 140 kcal; 3 g Eiweiß; 8 g Fett; 13 g Kohlenhydrate; 1,1 BE; 1,3 KHE

WALNUSS-ORANGEN-KÜCHLEIN MIT HIMBEEREN ▸

Für 6 Muffins

Belag

- 50 g Himbeeren, frisch oder gefroren

Rührteig

- ⅓ Apfel mit Schale (50 g)
- Schale von 1 Bio-Orange, ersatzweise Bio-Zitrone
- 2 Msp. gemahlene Vanilleschote
- 1 Ei
- 1 EL Wasser (8 g)
- 20 g saure Sahne (20 % Fett)
- 20 g Öl
- 30 g Zucker
- 1 g flüssiger Süßstoff
- 50 g Walnüsse, gemahlen oder gehackt
- 50 g Weizen- oder Dinkelvollkornmehl
- 1 ½ TL Weinsteinbackpulver (6 g)
- evtl. etwas Wasser

1 Muffinform und Belag vorbereiten.
2 Backofen auf 170–180 °C Heißluft oder 190–200 °C Unter-Oberhitze vorheizen.
3 Den Apfel grob in eine Schüssel raspeln. Die Orangenschale dazureiben. Die restlichen Zutaten der Reihe nach hinzufügen. Dabei das Backpulver und die Beeren über das Mehl streuen und mit einer Gabel unter das Mehl mischen.
4 Alle Zutaten mit der Gabel vermengen. Nicht zu lange rühren, sonst verliert das Backpulver die Wirkung und der Kuchen wird speckig. Falls der Teig zu dickflüssig ist, noch etwas Wasser hinzufügen.
5 Den Teig rasch in die Förmchen füllen und im Backofen ca. 35–45 Minuten backen. Die Muffins sind fertig gebacken, wenn bei der Stäbchenprobe kein Teig mehr am Stäbchen kleben bleibt (vgl. S. 84).

PRO STÜCK: 159 kcal; 4 g Eiweiß; 11 g Fett; 13 g Kohlenhydrate; 1,1 BE; 1,3 KHE

WALDBEER-NAPFKUCHEN

Für 1 mittleren Napfkuchen, 14–16 cm Innendurchmesser, 14 kleine Stücke

Rührteig (vgl. Bilder S. 40)

- 50 g Butter
- 50 g Zucker
- 3 g flüssiger Süßstoff
- 1 Ei (Größe M)
- 15 g ungesüßtes Kakaopulver
- Gewürze nach Belieben (z. B. Zimt)
- 120 g Milch
- 200 g Weizen- oder Dinkelvollkornmehl
- 100 g Waldbeeren, frisch oder gefroren
- 12 g Weinsteinbackpulver
- Wasser nach Bedarf (ca. 50 g)

1 Backform vorbereiten.
2 Backofen auf 170 °C Heißluft oder 190 °C Unter-Oberhitze vorheizen.
3 Butter in einem Topf schmelzen, der so groß ist, dass alle Zutaten darin Platz haben. Nicht kochen, nur schmelzen, sonst wird der Teig zäh! Vom Herd nehmen.
4 Alle weiteren Zutaten der Reihe nach hinzufügen. Das Obst auf dem Mehl verteilen. An der Schüssel rütteln, sodass das Obst rundherum mit Mehl bedeckt ist. In das Mehl eine Vertiefung drücken und das Backpulver mit einer Gabel unter das Mehl mischen. Alle Zutaten mit der Gabel verrühren. So viel Wasser hinzufügen, dass ein kompakter, nicht zu fester Teig entsteht.
5 Den Teig rasch in der Form verteilen und sofort in den Backofen schieben. Je schneller der Teig im Backofen steht, desto schöner geht der Napfkuchen auf! Ca. 45 Minuten backen. Der Kuchen ist fertig gebacken, wenn bei der Stäbchenprobe kein Teig mehr am Stäbchen kleben bleibt (vgl. S. 84).

TIPP: Der Teig darf weder zu flüssig, noch zu fest sein. Ein flüssiger Teig führt zu einem speckigen Napfkuchen, ein fester Teig zu einem trocknen, harten.
Nur kurz rühren. Je kürzer Sie rühren, desto luftiger der Napfkuchen. Es genügt ein kurzes Vermengen, nur so, dass alle Zutaten gleichmäßig vermischt sind. Wird die Masse zu lange oder mit dem Mixer gerührt, schmeckt der Napfkuchen trocken oder sogar speckig. Wenn Sie die Masse mit dem Schneebesen verrühren, bilden sich in der Mitte des Schneebesens Klumpen.

PRO STÜCK: 106 kcal; 3 g Eiweiß; 4 g Fett; 14 g Kohlenhydrate; 1,2 BE; 1,4 KHE

KIRSCH-NUSS-NAPFKUCHEN MIT SCHOKOLADE

Für 1 mittleren Napfkuchen, 14–16 cm Innendurchmesser, 14 kleine Stücke

Rührteig (vgl. Bilder S. 40)

- 100 g Butter
- 50 g Zucker
- 4 g flüssiger Süßstoff
- beliebige Gewürze (z. B. Vanille, Bio-Orangenschale, Zimt)
- 2 Eier
- 100 g Weizen- oder Dinkelvollkornmehl
- 30 g beliebige Nüsse, gemahlen
- 50 g beliebige Nüsse, gehackt
- 100 g Sauerkirschen, frisch oder gefroren
- 15 g grob gehackte dunkle Schokolade
- ½ Pck. Weinsteinbackpulver (8–9 g)
- evtl. Wasser oder Milch

1 Backform vorbereiten.
2 Backofen auf 170 °C Heißluft oder 190 °C Unter-Oberhitze vorheizen.
3 Butter in einem Topf schmelzen, der so groß ist, dass alle Zutaten darin Platz haben. Nicht kochen, nur schmelzen, sonst wird der Teig zäh! Vom Herd nehmen.
4 Alle weiteren Zutaten der Reihe nach hinzufügen. Das Obst und die Schokolade auf dem Mehl verteilen. An der Schüssel rütteln, sodass das Obst und die Schokolade rundherum mit Mehl bedeckt sind. In das Mehl eine Vertiefung drücken, das Backpulver hineingeben und mit einer Gabel unter das Mehl mischen. Alle Zutaten mit der Gabel verrühren. Falls der Teig zu fest ist, noch etwas Wasser hinzufügen.
5 Den Teig rasch in der Form verteilen und sofort in den Backofen schieben. Je schneller der Teig im Backofen steht, desto schöner geht der Napfkuchen auf! Ca. 45 Minuten backen. Der Napfkuchen ist fertig gebacken, wenn bei der Stäbchenprobe kein Teig mehr am Stäbchen kleben bleibt (vgl. S. 84). Die Form ist nach dem Backen nur zu drei Viertel gefüllt.

TIPP: Der Teig darf weder zu flüssig noch zu fest sein. Ein flüssiger Teig führt zu einem speckigen Napfkuchen, ein fester Teig zu einem trockenen, harten. Nur kurz rühren. Je kürzer Sie rühren, desto luftiger wird der Napfkuchen. Es genügt ein kurzes Vermengen, nur so, dass alle Zutaten gleichmäßig vermischt sind. Wird die Masse zu lange oder mit dem Mixer gerührt, schmeckt der Napfkuchen trocken oder sogar speckig. Wenn Sie die Masse mit dem Schneebesen verrühren, bilden sich in der Mitte des Schneebesens Klumpen.

PRO STÜCK: 149 kcal; 3 g Eiweiß; 11 g Fett; 10 g Kohlenhydrate; 0,8 BE; 1,0 KHE

REHRÜCKEN

Für 1 große Rehrückenform, 18 Scheiben

Rührteig (vgl. Bilder S. 40)

- 100 g Butter
- 1 TL Zimt
- 3 Eier
- 6 g flüssiger Süßstoff
- ½ Apfel mit Schale (70 g), grob geraspelt
- 40 g Öl
- 70 g Zucker
- 50 g geriebene Mandeln
- 20 g ungesüßtes Kakaopulver
- 200 g Weizen- oder Dinkelvollkornmehl
- 10 g Weinsteinbackpulver
- Wasser nach Bedarf

Form

- 10 g Paniermehl

Verzieren

- 30 g Kuvertüre (Schokoladenglasur)
- 20 g Mandelstifte oder -blättchen, am besten geröstet

1 Backofen auf 170 °C Heißluft oder 190 °C Unter-Oberhitze vorheizen.

2 Butter in einem Topf schmelzen, der so groß ist, dass alle Zutaten darin Platz haben. Nicht kochen, nur schmelzen, sonst wird der Teig zäh! Mit einem Pinsel etwas Butter entnehmen und die Backform damit dünn einfetten. Mit dem Paniermehl ausstreuen. Vom Herd nehmen.

3 Alle weiteren Zutaten der Reihe nach hinzufügen. In das Mehl eine Vertiefung drücken, das Backpulver hineingeben und mit einer Gabel unter das Mehl mischen. Alle Zutaten mit der Gabel verrühren. Falls der Teig zu fest ist, noch etwas Wasser hinzufügen.

4 Den Teig rasch in der Form verteilen. Sofort in den Backofen schieben. Je schneller der Teig im Backofen steht, desto saftiger und lockerer schmeckt der Kuchen! 45–60 Minuten backen. Der Kuchen ist fertig gebacken, wenn bei der Stäbchenprobe kein Teig mehr am Stäbchen kleben bleibt (vgl. S. 84).

5 Den ausgekühlten Kuchen verzieren. Dazu die Glasur schmelzen. In einen kleinen Gefrierbeutel füllen. Ein kleines Loch in den Gefrierbeutel stechen. Mithilfe des Gefrierbeutels die Schokolade in Fäden über den Rehrücken ziehen. Entweder Mandelstifte hineinstecken oder Mandelblättchen darüberstreuen.

PRO STÜCK: 161 g; 4 g Eiweiß; 11 g Fett; 13 g Kohlenhydrate, 1,1 BE; 1,3 KHE

ERDBEER-KÖNIGSKUCHEN

Für 1 mittelgroße Königskuchenform, 20 cm, 8 Stücke

Belag

- 140 g Erdbeeren, frisch oder gefroren, ersatzweise andere Beeren

Rührteig (vgl. Bilder S. 38)

- Schale von 1 Bio-Zitrone, -Orange oder -Limette
- ½ Apfel mit Schale (70 g)
- 2 Msp. gemahlene Vanilleschote
- 40 g Öl
- 1 Ei
- 125 g Milch
- 40 g Zucker
- 3 g flüssiger Süßstoff
- 160 g Weizen- oder Dinkelvollkornmehl
- ½ Pck. Weinsteinbackpulver (8–9 g)

1 Backform und Belag vorbereiten.

2 Backofen auf 170–180 °C Heißluft oder 190–200 °C Unter-Oberhitze vorheizen.

3 Die Zitronenschale und den Apfel in eine Schüssel raspeln. Die restlichen Zutaten der Reihe nach hinzufügen. Dabei das Backpulver über das Mehl geben und mit einer Gabel unter das Mehl mischen.

4 Alle Zutaten mit der Gabel rasch vermengen. Den Teig sofort in die Backform füllen und rasch belegen. Im Backofen ca. 45–50 Minuten backen. Der Kuchen ist fertig gebacken, wenn bei der Stäbchenprobe kein Teig mehr am Stäbchen kleben bleibt (vgl. S. 84).

PRO STÜCK: 157 kcal; 4 g Eiweiß; 7 g Fett; 20 g Kohlenhydrate; 1,7 BE; 2,0 KHE

KÜRBISKERNKUCHEN MIT HIMBEEREN

Für 1 runde Kuchenform, 24–28 cm Durchmesser, 12 Stücke, ersatzweise 12 Muffinförmchen

Belag

- 200 g Himbeeren oder andere Beeren, frisch oder gefroren

Rührteig (vgl. Bilder S. 38)

- 1 Apfel mit Schale (150 g)
- 3 Eier
- 1 gehäufter EL Zimt
- 2 Msp. Nelkenpulver
- ½ Msp. Kardamompulver
- 1 Prise Muskat oder 1 ½ EL Lebkuchengewürz
- 1 Becher Ricotta oder saure Sahne (250 g)
- ⅓ Becher Öl (80 g)
- 70 g Zucker
- 8 g flüssiger Süßstoff
- 1 Becher gemahlene oder gehackte Kürbiskerne (100 g)
- 1 gut gehäufter Becher Weizen- oder Dinkelvollkornmehl (160 g)
- 1 Pck. Weinsteinbackpulver (16–18 g)

1 Backform und Belag vorbereiten.
2 Backofen auf 170–180 °C Heißluft oder 190–200 °C Unter-Oberhitze vorheizen.
3 Den Apfel grob in eine Schüssel raspeln. Die restlichen Zutaten der Reihe nach hinzufügen. Dabei das Backpulver über das Mehl streuen und mit einer Gabel unter das Mehl mischen.
4 Alle Zutaten mit der Gabel vermengen. Nicht zu lange rühren, sonst verliert das Backpulver die Wirkung und der Kuchen wird speckig. Falls der Teig zu dickflüssig ist, noch etwas Wasser hinzufügen. Das Obst entweder mit der Teigkarte untermischen oder auf dem Kuchen verteilen.
5 Den Teig rasch in die Form füllen und im Backofen ca. 40–50 Minuten backen. Der Kuchen ist fertig gebacken, wenn bei der Stäbchenprobe kein Teig mehr am Stäbchen kleben bleibt (vgl. S. 84).

PRO STÜCK: 238 kcal; 8 g Eiweiß; 15 g Fett; 18 g Kohlenhydrate; 1,5 BE; 1,8 KHE

HEIDELBEERKUCHEN

Für 1 runde Kuchenform, 24–28 cm Durchmesser, 12 Stücke, ersatzweise 12 Muffinförmchen

Belag

- 200 g Himbeeren oder andere Beeren, frisch oder gefroren

Rührteig (vgl. Bilder S. 38)

- 1 Apfel mit Schale (150 g)
- 1 EL Lebkuchengewürz oder Zimt
- Schale von 1 Bio-Zitrone, -Orange oder -Limette
- 3 Eier
- 1 Becher Naturjoghurt (250 g)
- 100 g Öl
- 70 g Zucker
- 8 g flüssiger Süßstoff
- 100 g grobe Vollkornhaferflocken
- 190 g Weizen- oder Dinkelvollkornmehl
- 1 Pck. Weinsteinbackpulver (16–18 g)
- ca. 120 g Heidelbeeren, frisch oder gefroren
- evtl. etwas Wasser

1 Backform vorbereiten.

2 Backofen auf 170–180 °C Heißluft oder 190–200 °C Unter-Oberhitze vorheizen.

3 Den Apfel grob in eine Schüssel raspeln. Die restlichen Zutaten der Reihe nach hinzufügen. Dabei das Backpulver und die Beeren über das Mehl streuen und mit einer Gabel unter das Mehl mischen.

4 Alle Zutaten mit der Gabel vermengen. Nicht zu lange rühren, sonst verliert das Backpulver die Wirkung und der Kuchen wird speckig. Falls der Teig zu dickflüssig ist, noch etwas Wasser hinzufügen.

5 Den Teig rasch in die Backform füllen. Ca. 40–50 Minuten backen. Der Kuchen ist fertig gebacken, wenn bei der Stäbchenprobe kein Teig mehr am Stäbchen kleben bleibt (vgl. S. 84).

PRO STÜCK: 216 kcal; 6 g Eiweiß; 11 g Fett; 24 g Kohlenhydrate; 2,0 BE; 2,4 KHE

BUTTERMILCHKRANZ

Für 1 runde Kranzform, 30 cm Durchmesser, ersatzweise 1 großer Napfkuchen, 22–24 cm Innendurchmesser, 16 Stücke

Rührteig (vgl. Bilder S. 38)

- 1 kleiner Apfel mit Schale (120 g), grob geraspelt
- 3 Eier
- 250 g Buttermilch
- 100 g Öl
- 80 g Zucker
- 5 g flüssiger Süßstoff
- ½ TL Zimt
- 2 Msp. gemahlene Vanilleschote
- 1 kleine Msp. Muskat
- 1 kleine Msp. Pimentpulver
- 1 Becher grobe Vollkornhaferflocken (100 g)
- 240 g Weizen- oder Dinkelvollkornmehl
- 1 Pck. oder 1 gut gehäufter EL Weinsteinbackpulver (16–18 g)

1 Backform vorbereiten.
2 Backofen auf 170 °C Heißluft oder 190 °C Unter-Oberhitze vorheizen.
3 Alle Zutaten der Reihe nach in eine Schüssel geben. Zum Schluss in das Mehl eine Vertiefung drücken, das Backpulver hineinschütten und mit einem Teigspatel unter das Mehl mischen.
4 Anschließend alle Zutaten mit dem Teigspatel rasch zu einem weichen Teig verrühren. Je kürzer Sie rühren, desto luftiger wird der Kuchen. Es genügt ein kurzes Vermengen, nur so, dass alle Zutaten gleichmäßig vermischt sind. Wird die Masse zu lange oder mit dem Mixer gerührt, schmeckt der Kuchen trocken oder sogar speckig. Wenn Sie die Masse mit dem Schneebesen verrühren, bilden sich in der Mitte des Schneebesens Klumpen.
5 Den Teig rasch in der Form verteilen (sie ist nur zu drei Viertel gefüllt) und sofort in den Backofen schieben. Je schneller der Teig im Ofen steht, desto schöner geht der Kuchen auf! 45–55 Minuten backen. Der Kuchen ist fertig gebacken, wenn bei der Stäbchenprobe kein Teig mehr am Stäbchen kleben bleibt (vgl. S. 84).

PRO STÜCK: 170 kcal; 4 g Eiweiß; 8 g Fett; 20 g Kohlenhydrate; 1,7 BE; 2,0 KHE

APRIKOSENKRANZ

Für 1 mittelgroße runde Kranzform,
ca. 20 cm Durchmesser, 10 Stücke

Belag

- 200 g Aprikosen oder anderes Obst, halbiert, entkernt, frisch oder gefroren

Rührteig

- ½ Apfel mit Schale (70 g)
- Schale von 1 Bio-Zitrone oder -Limette
- 3 Msp. gemahlene Vanilleschote
- 2 Eier
- 40 g Zucker
- 5 g flüssiger Süßstoff
- 60 g Ricotta oder saure Sahne
- 60 g Milch
- 150 g Weizen- oder Dinkelvollkornmehl
- ½ Pck. Weinsteinbackpulver (8–9 g)
- evtl. etwas Wasser

1 Backform und Belag vorbereiten.
2 Backofen auf 170–180 °C Heißluft oder 190–200 °C Unter-Oberhitze vorheizen.
3 Den Apfel und die Zitronenschale in eine Schüssel raspeln. Die restlichen Zutaten der Reihe nach hinzufügen. Dabei das Backpulver über das Mehl streuen und mithilfe eines Kugelschneebesens oder einer Gabel unter das Mehl mischen.
4 Alle Zutaten mit dem Kugelschneebesen oder der Gabel rasch vermengen. Ist der Teig zu fest, noch etwas Wasser hinzufügen.
5 Den Teig sofort in die Backform füllen. Rasch belegen, dabei die Früchte zur Hälfte in den Teig stecken und im Backofen ca. 40–50 Minuten backen. Der Kuchen ist fertig gebacken, wenn bei der Stäbchenprobe kein Teig mehr am Stäbchen kleben bleibt (vgl. S. 84).

TIPP: Bei einem herkömmlichen Schneebesen bildet sich beim Rühren ein Klumpen im Schneebesen, nicht so bei einem Kugelschneebesen. Dieser eignet sich daher wunderbar zum Vermengen von Rührteigen, die gröbere Zutaten, z. B. geraspelten Apfel oder Obststücke, enthalten. Kugelschneebesen (vgl. S. 38) sind in jedem Haushaltswarengeschäft und im Internet erhältlich.

PRO STÜCK: 97 kcal; 4 g Eiweiß; 3 g Fett; 14 g Kohlenhydrate; 1,2 BE; 1,4 KHE

PFLAUMENKUCHEN

Für 1 mittelgroße runde Backform,
ca. 20 cm Durchmesser, 10 Stücke

Belag

- 180 g Pflaumen, halbiert, entkernt, frisch oder gefroren

Rührteig (vgl. Bilder S. 38)

- 2 Eier
- 1 Msp. gemahlene Vanilleschote
- 3 Msp. Zimt
- 5 g flüssiger Süßstoff
- 50 g Zucker
- 80 g Öl
- ca. 70 g kaltes Wasser
- 80 g gemahlene Walnüsse oder beliebige andere Nüsse
- 170 g Weizen- oder Dinkelvollkornmehl
- 10 g Weinsteinbackpulver

1 Backform und den Belag vorbereiten.
2 Backofen auf 170–180 °C Heißluft oder 190–200 °C Unter-Oberhitze vorheizen.
3 Alle Zutaten der Reihe nach in eine Schüssel geben. Dabei das Backpulver über das Mehl streuen und mithilfe einer Gabel unter das Mehl mischen. Alle Zutaten mit der Gabel rasch vermengen.
4 Den Teig sofort in die Backform füllen. Rasch belegen, dazu die Pflaumenhälften entweder mit der Spitze oder einer Kante zur Hälfte in den Teig stecken. Im Backofen ca. 45–55 Minuten backen. Der Kuchen ist fertig gebacken, wenn bei der Stäbchenprobe kein Teig mehr am Stäbchen kleben bleibt (vgl. S. 84).

PRO STÜCK: 222 kcal; 4 g Eiweiß; 15 g Fett; 18 g Kohlenhydrate; 1,5 BE; 1,8 KHE

OSTERHÄSCHEN ▸

Für 1 Hasenbackform,
Fassungsvermögen 0,5 l

Form

- 5 g flüssige Butter
- 10 g geriebene Mandeln

Rührteig

- 1 Ei
- Mark von ½ Vanilleschote
- evtl. ½ TL gehackte Zitronenmelissenblätter oder Schale von ¼ Bio-Zitrone
- 20 g Zucker
- 2 g flüssiger Süßstoff
- 25 g Öl (3 EL)
- 25 g Wasser (3 EL)
- 20 g gehackte Pistazien, ersatzweise 1 gut gehäufter EL gehackte Kürbiskerne
- 60 g Weizen- oder Dinkelvollkornmehl (3 gut gehäufte EL)
- 1 gestrichener TL Weinsteinbackpulver (3 g)

1 Backform mit flüssiger Butter ausstreichen und mit Mandeln ausstreuen.
2 Backofen auf 170–180 °C Heißluft oder 190–200 °C Unter-Oberhitze vorheizen.
3 Alle Zutaten der Reihe nach in eine Schüssel geben. Zum Schluss das Backpulver über das Mehl streuen und mit dem Mehl vermischen. Alle Zutaten in wenigen Sekunden mit einer Gabel oder Teigkarte rasch vermengen. Je kürzer Sie den Teig rühren, desto luftiger der Kuchen!
4 Den Teig in die vorbereitete Kuchenform streichen und im Backofen ca. 25–40 Minuten backen. Der Kuchen ist fertig gebacken, wenn bei der Stäbchenprobe kein Teig mehr am Stäbchen kleben bleibt (vgl. S. 84).

PRO STÜCK: 777 kcal; 19 g Eiweiß; 52 g Fett; 60 g Kohlenhydrate; 5,0 BE; 6,0 KHE

VEGANER MOHN-APFEL-KUCHEN

milchfrei eifrei

Für 1 mittelgroße runde Backform, ca. 20 cm Durchmesser, 10 Stücke

Belag

- 1 Apfel mit Schale (150 g)

Rührteig

- ½ Apfel mit Schale (70 g)
- 1 TL Zimt
- ½ TL gemahlene Vanilleschote
- Schale von ½ Bio-Orange
- 230 g Mineralwasser mit Kohlensäure, ersatzweise Leitungswasser
- 50 g Öl
- 70 g Zucker
- 2 g flüssiger Süßstoff
- 30 g Mohn
- 200 g Weizen- oder Dinkelvollkornmehl
- ¾ Pck. Weinsteinbackpulver (12 g)

1 Backform vorbereiten. Äpfel halbieren, entkernen, in Spalten schneiden.

2 Backofen auf 170–180 °C Heißluft oder 190–200 °C Unter-Oberhitze vorheizen.

3 Den Apfel in eine Schüssel raspeln. Die restlichen Zutaten der Reihe nach hinzufügen. Dabei das Backpulver über das Mehl geben und mithilfe eines Teigspatels unter das Mehl mischen. Alle Zutaten mit dem Teigspatel rasch vermengen.

4 Den Teig sofort in die Backform füllen. Belegen und rasch in den Backofen schieben. Ca. 40–50 Minuten backen. Der Kuchen ist fertig gebacken, wenn bei der Stäbchenprobe kein Teig mehr am Stäbchen kleben bleibt (vgl. S. 84).

TIPP: Vegane Kuchen schmecken ofenwarm am besten. Je länger Sie die Kuchen aufbewahren, desto krümeliger und trockener werden sie.

PRO STÜCK: 161 kcal; 3 g Eiweiß; 7 g Fett; 22 g Kohlenhydrate; 1,8 BE; 2,2 KHE

VEGANE MANDEL-APRIKOSEN-HERZEN

milchfrei **eifrei**

Für 1 Doppelherzform oder runde Kuchenform, 20–24 cm Durchmesser, 12 Stücke

Belag

- 150 g frische aromatische Aprikosen

Rührteig

- ½ Apfel mit Schale (70 g), grob geraspelt
- Schale von 1 Bio-Zitrone, -Orange oder -Limette
- 1 TL Zimt
- 230 g Mineralwasser mit Kohlensäure, ersatzweise Leitungswasser
- 50 g Öl
- 70 g Zucker
- 2 g flüssiger Süßstoff
- 50 g gehackte oder gemahlene Mandeln
- 200 g Weizen- oder Dinkelvollkornmehl
- ¾ Pck. Weinsteinbackpulver (12 g)
- evtl. etwas Wasser

1 Backform vorbereiten. Aprikosen halbieren und entkernen, evtl. in Spalten schneiden.
2 Backofen auf 170–180 °C Heißluft oder 190–200 °C Unter-Oberhitze vorheizen.
3 Die restlichen Zutaten der Reihe nach in eine Schüssel geben. Das Backpulver über das Mehl streuen und mit einer Gabel unter das Mehl mischen. Alle Zutaten mit der Gabel kurz vermengen. Der Teig soll sehr dickflüssig sein, ggf. noch etwas Wasser hinzufügen.
4 Den Teig rasch in die Form füllen. Die Aprikosen darüber verteilen und sofort in den Backofen schieben. Ca. 40–50 Minuten backen. Der Kuchen ist fertig, wenn bei der Stäbchenprobe kein Teig mehr am Stäbchen kleben bleibt (vgl. S. 84).

PRO STÜCK: 146 kcal; 3 g Eiweiß; 7 g Fett; 18 g Kohlenhydrate; 1,5 BE; 1,8 KHE
GESAMTMENGE: 1755 kcal; 34 g Eiweiß; 83 g Fett; 216 g Kohlenhydrate; 18,0 BE; 21,6 KHE

VEGANE MOHNTORTE MIT HIMBEEREN

milchfrei **eifrei**

Für 1 runde Kuchenform, 24–28 cm Durchmesser, 12 Stücke, ersatzweise 12 Muffins

Rührteig

- ¼ Apfel mit Schale (ca. 30 g), grob geraspelt
- Gewürze (z. B. Zimt, Nelke, Muskat)
- 230 g Mineralwasser mit Kohlensäure
- 50 g Öl
- 70 g Zucker
- 2 g flüssiger Süßstoff
- 50 g Mohn
- 200 g Weizen- oder Dinkelvollkornmehl
- ¾ Pck. Weinsteinbackpulver (12 g)

Einlage

- ca. 80 g Himbeeren, frisch oder gefroren

1 Backform vorbereiten.
2 Backofen auf 170–180 °C Heißluft oder 190–200 °C Unter-Oberhitze vorheizen.
3 Die Zutaten der Reihe nach in eine Schüssel geben. Dabei das Backpulver und die Beeren über das Mehl streuen und mit einer Gabel unter das Mehl mischen. Alle Zutaten mit der Gabel kurz vermengen. Der Teig soll sehr dickflüssig sein, ggf. noch etwas Wasser hinzufügen.
4 Den Teig rasch in die Form füllen und sofort in den Backofen schieben. Ca. 40–50 Minuten backen. Der Kuchen ist fertig gebacken, wenn bei der Stäbchenprobe kein Teig mehr am Stäbchen kleben bleibt (vgl. S. 84).

PRO STÜCK: 136 kcal; 3 g Eiweiß; 6 g Fett; 17 g Kohlenhydrate; 1,4 BE; 1,7

Biskuitkuchen

Für Biskuit muss man meist Eier trennen, schaumig schlagen und viel Zucker unterrühren. Nicht so in der Diabetikervariante. Es werden weder Eier getrennt noch schaumig gerührt noch benötigen Sie viel Zucker, um die Teigstabilität zu erreichen. Eigentlich ist Biskuit für Diabetiker also viel einfacher in der Herstellung.

ZUBEREITUNG

Vgl. Bilder S. 88
Die Backform vorbereiten. Backofen auf 170–180 °C Heißluft oder 190–200 °C Unter-Oberhitze vorheizen.

Für den schnellen Diabetiker-Biskuit alle Zutaten der Reihe nach in eine Schüssel geben. Dabei das Backpulver über das Mehl sieben. Das Backpulver mit einer Gabel unter das Mehl mengen. Alle Zutaten mit der Gabel so rasch wie möglich vermengen. Je schneller der Teig vermischt ist, desto lockerer wird der Kuchen. Wenn Sie zu lange oder gar mit dem Mixer rühren, entsteht ein speckiger Biskuitkuchen. Die Masse in die Form füllen.

Je nach Teigmenge, Qualität der Form und Funktion des Backofens 20–40 Minuten backen.

STÄBCHENPROBE

Bei Biskuitkuchenteigen während des Backens den Backofen nicht öffnen! Der Kuchen fällt sonst zusammen und wird speckig. Gegen Ende der Garzeit, wenn also der Kuchen vollflächig hell gebräunt ist, können Sie den Backofen kurz öffnen und die Stäbchenprobe durchführen. Dazu einen Spieß in die Mitte des Kuchens stechen und wieder herausziehen. Es darf kein Teig mehr am Stäbchen kleben.

AUSKLEIDEN MIT FRISCHHALTEFOLIE

Frischhaltefolie lässt sich am besten in eine Form drücken, wenn Sie zuvor ein paar Tropfen Wasser in die Form sprenkeln und mit einem Backpinsel verstreichen. Die Folie muss unbeschädigt sein, sonst saugt der Kuchen das Wasser auf und wird dadurch weich! Die Frischhaltefolie von der Rolle über die Form ziehen und mindestens 20 cm an den Seiten überstehen lassen. Diese Folie benötigen Sie für den Rand und zum Abdecken des Kuchens. Die Folie mit einem Küchentuch in die Form drücken. So schmiegt sich die Folie wunderbar an den Boden, den Rand und in die Ecken.

AUFBEWAHREN

Biskuitkuchen ohne Belag luftdicht zugedeckt, am besten mit einer Kuchenhaube, an einem kühlen Ort lagern. Da Biskuitkuchen kein zugesetztes Fett enthalten, trocknen sie sehr schnell aus.

Biskuitkuchen mit Fruchtbelag mit einer Kuchenhaube abdecken und an einem kühlen Ort lagern. Werden Früchte verwendet, die sehr rasch verderben, z. B. frische Erdbeeren, kann der Kuchen auch luftdicht verpackt im Kühlschrank gelagert werden. Achtung! Biskuit nimmt sehr schnell Fremdgerüche an, daher immer gut zudecken!

Biskuitkuchen mit Cremebelag luftdicht abdecken, da die Creme sehr schnell Fremdgerüche annimmt. Cremekuchen an einem kalten Ort, z. B. im Kühlschrank, lagern. Bei warmen Temperaturen verdirbt die Creme innerhalb von ½–2 Tagen.

BISKUIT-GRUNDREZEPT FÜR 1 EI

Die Menge kann bis auf 5 Eier vervielfacht werden.

milchfrei

Für 1 Sprigform, ca. 12–15 cm Durchmesser

- 1 Ei
- 20 g Zucker
- ca. 20 g Wasser
- 50 g Weizen- oder Dinkelvollkornmehl
- 3 g Weinsteinbackpulver

1 Backform vorbereiten.
2 Backofen auf 170–180 °C Heißluft oder 190–200 °C Unter-Oberhitze vorheizen.
3 Alle Zutaten in eine Schüssel geben. Dabei das Backpulver über dem Mehl verteilen und mithilfe einer Gabel unter das Mehl mischen. Alle Zutaten mit der Gabel verrühren. Nicht zu lange rühren, sonst wird der Kuchen zäh.
4 Den Teig rasch in die Form füllen, in den Backofen schieben und je nach Menge 20–40 Minuten backen.

GESAMTMENGE PRO 1 EI: 317 kcal; 12 g Eiweiß; 7 g Fett; 51 g Kohlenhydrate; 4,3 BE; 5,1 KHE

APRIKOSENMARMELADE

milchfrei eifrei

Für 1 kg Marmelade

- 1 kg aromatische entkernte Aprikosen
- Wasser
- 1 Pck. Gelierpulver 3:1
- Süßstoff nach Geschmack

- 4 Schraubverschlussgläser à ca. 250 ml Inhalt

1 Gläser sauber auswaschen. Die Deckel auskochen, z. B. im Wasserkocher.
2 In einen Topf ca. 1 cm hoch Wasser einfüllen. Das Gelierpulver untermischen. Das Obst dazugeben. Zugedeckt aufkochen lassen. Dabei immer wieder umrühren, sonst brennt die Marmelade an. Falls die Flüssigkeit zu rasch verdunstet, noch etwas Wasser hinzufügen, sonst läuft die Marmelade ebenfalls Gefahr anzubrennen.
3 Die Marmelade so lange köcheln lassen, bis die Früchte weich sind und zerfallen, aber mindestens 5 Minuten. Anschließend pürieren. Süßstoff nach Geschmack hinzufügen. Noch einmal kurz aufkochen. Die kochend heiße Marmelade in die Gläser füllen und verschließen.
4 Die Marmelade auf den Kopf stellen und auf dem Kopf stehend lagern. So trocknet die Marmelade nicht aus und es bildet sich auch kein Schimmel, vorausgesetzt die Gläser und die Früchte waren in Ordnung.

VARIANTE MIT BEEREN: Statt der Aprikosen einfach 1 kg aromatische Beeren nach Wunsch verwenden und genauso zubereiten, wie die Aprikosenmarmelade.

HINWEIS: Der Deckel muss auf den Topf, damit die ätherischen Öle aus dem Obst nicht verloren gehen und der Geschmack erhalten bleibt. Zudem verkürzt der Deckel die Garzeit und schont damit die Nährstoffe, z. B. die Vitamine.
Die Marmelade lässt sich mithilfe eines Marmeladentrichters wunderbar in die Gläser füllen. Ersatzweise die kochend heiße Marmelade in einen Messbecher mit Schnabelausguss füllen und aus diesem in die Gläser verteilen.
Die Marmelade muss kochend heiß abgefüllt werden, sonst entsteht im Glas kein Vakuum und die Marmelade verdirbt.

GESAMTMENGE MIT APRIKOSEN:
506 kcal; 9 g Eiweiß; 1 g Fett;
105 g Kohlenhydrate; 8,8 BE; 10,5 KHE
GESAMTMENGE MIT BEEREN:
796 kcal; 7 g Eiweiß; 3 g Fett;
175 g Kohlenhydrate; 14,6 BE; 17,5 KHE

ERDBEERTORTE MIT BISKUITBODEN

Für 1 runde Obstbodenbackform,
ca. 24–28 cm Durchmesser, 12 Stücke,
ersatzweise eine herkömmliche Tortenform

Biskuit (vgl. Bilder S. 88)
- 4 Eier
- 80 g Zucker
- ca. 80 g Wasser
- 200 g Weizen- oder Dinkelvollkornmehl
- 12 g Weinsteinbackpulver

Belag
- ca. 500 g aromatische Erdbeeren, frisch

Guss
- ½ Pck. Tortengelee (Tortenguss, Geleeguss) (12 g Pulver)
- 1 Schuss Süßstoff

1 Backform vorbereiten.
2 Backofen auf 170–180 °C Heißluft oder 190–200 °C Unter-Oberhitze vorheizen.
3 Alle Zutaten in eine Schüssel geben. Dabei das Backpulver über dem Mehl verteilen und mithilfe einer Gabel unter das Mehl mischen. Alle Zutaten mit der Gabel verrühren. Nicht zu lange rühren, sonst wird der Kuchen zäh.
4 Den Teig rasch in die Form füllen, in den Backofen schieben und 25–30 Minuten backen. Aus der Form nehmen.
5 Die Erdbeeren werden entweder auf der Marmelade (siehe Variante 1) oder der Vanillecreme (siehe Variante 2) verteilt.
6 Das Tortengelee nach Packungsanleitung zubereiten. Allerdings ohne Zucker, dafür zum Schluss einen Schuss Süßstoff in das Gelee mischen. Die Beeren mit dem Tortengelee einpinseln. Stocken lassen.

VARIANTE 1 MIT APRIKOSENMARMELADE

milchfrei

- 150 g Aprikosenmarmelade (siehe Rezept Seite 86)

Die Aprikosenmarmelade erhitzen und auf den warmen oder ausgekühlten Kuchen streichen. Auskühlen lassen. Weitere Zubereitung wie oben beschrieben.

PRO STÜCK MIT APRIKOSENMARMELADE:
129 kcal; 5 g Eiweiß; 2 g Fett;
22 g Kohlenhydrate; 1,8 BE; 2,2 KHE

VARIANTE 2 MIT VANILLECREME
- 250 g Milch
- 20 g Maisstärke
- ½ TL gemahlene Vanilleschote
- 2 g flüssiger Süßstoff

1 Zwei Drittel der Milch in einen Topf geben und aufkochen lassen. Die restliche Milch mit der Maisstärke verrühren. Unter Rühren in die kochende Milch geben und kochen, bis es kräftig blubbert. Etwa ½–1 Minute unter Rühren köcheln lassen.
2 Die Creme zudecken und ca. 30 Minuten kalt stellen. Durch das Zudecken bildet sich keine Haut. Vanille und Süßstoff hinzufügen. Noch einmal kräftig durchrühren und auf dem ausgekühlten Kuchenboden verteilen. Falls die Creme klumpt, pürieren Sie sie mit einem Pürierstab. Weitere Zubereitung wie oben beschrieben.

TIPP: Wird die Creme zu kurz gekocht, schmeckt sie nach Stärke! In diesem Fall einfach noch einmal unter kräftigem Rühren aufkochen lassen. Niemals Speichel hineinbringen, z. B. durch zweimaliges Kosten mit einem Löffel, sonst stockt die Creme nicht oder es bildet sich eine milchige Schicht.

PRO STÜCK MIT VANILLECREME:
142 kcal; 5 g Eiweiß; 3 g Fett;
23 g Kohlenhydrate; 1,9 BE; 2,3 KHE

HIMBEERTÖRTCHEN FÜR KIDS

Für 1 kleine runde Kuchenform, ca. 15 cm Durchmesser, 6 Stücke

Biskuit

- 1 Ei
- 20 g Zucker
- ca. 20 g Wasser
- 50 g Weizen- oder Dinkelvollkornmehl
- 1 gestrichener TL Weinsteinbackpulver (3 g)

Belag

- 2 Blätter Gelatine (3–4 g)
- 60 g Magerquark
- 2 g flüssiger Süßstoff
- 100 g saure Sahne oder Ricotta
- 60 g Milch
- Gewürze nach Belieben, z. B. gemahlene Vanilleschote, Zitronenschale
- 2 EL kochend heißes Wasser
- 100 g Himbeeren, frisch oder gefroren

1 Backform vorbereiten.
2 Backofen auf 170–180 °C Heißluft oder 190–200 °C Unter-Oberhitze vorheizen.
3 Alle Zutaten in eine Schüssel geben. Dabei das Backpulver über dem Mehl verteilen und mithilfe einer Gabel unter das Mehl mischen. Alle Zutaten mit der Gabel verrühren. Nicht zu lange rühren, sonst wird der Kuchen zäh.
4 Den Teig rasch in die Form füllen und im Backofen 15–25 Minuten backen. Den Kuchen auf ein Gitter stürzen und auskühlen lassen.
5 In der Zwischenzeit Gelatine in reichlich kaltem Wasser 10 Minuten einweichen. Quark, Süßstoff, saure Sahne, Milch und Gewürze in eine Schüssel geben und mit einem Schneebesen glatt rühren.
6 Das Wasser mit der Hand aus der Gelatine drücken. Die Gelatine in eine Schüssel geben, das heiße Wasser zugeben und unter Rühren auflösen.
7 Nach und nach die Quarkmasse zur Gelatine rühren. Die Masse im Kühlschrank ca. 10 Minuten ruhen lassen.
8 Die Biskuitbackform mit Frischhaltefolie auskleiden (vgl. S. 84). Den Kuchenboden in die Form setzen. Die Creme noch einmal kräftig durchrühren und auf dem Kuchenboden verteilen. Die Himbeeren auf die Creme setzen. Vor dem Anschneiden mindestens 5 Stunden an einem kalten Ort stocken lassen.

Creme und Kuchen passen nicht in die Form?
Geht der Kuchen so hoch auf, dass die Form zu klein für den Kuchen samt Belag wird, verwenden Sie eine Kuchenform, die etwas größer ist. Oder füllen Sie zuerst die Creme in die mit Frischhaltefolie ausgekleidete Form, setzen den Kuchen auf, drücken ihn etwas hinein, damit sich die Creme schön rundherum verteilt, und lassen ihn im Kühlschrank stocken. Nach dem Stocken den Kuchen auf einen Teller stürzen, die Frischhaltefolie entfernen und

Vorbereitung von Backform und Zutaten

Biskuitmasse

Fertig gebackener Biskuit

Fertiger Belag

die Himbeeren auf der Creme verteilen. Wer mag, kann die Himbeeren noch mit etwas Tortengelee überziehen. Dazu das Gelee nach Packungsanleitung zubereiten. Es genügt 1 TL vom Pulver. Statt Zucker einen Schuss Süßstoff verwenden.

Himbeerbombe

Dazu eine Schüssel im Durchmesser des Kuchens plus ca. eine halbe Fingerbreite rundherum dazu mit Frischhaltefolie auskleiden (vgl. S. 84). Die Hälfte der Creme einfüllen, die Himbeeren darüber verteilen und mit der restlichen Creme abdecken. Den Kuchen daraufsetzen und so weit in die Creme eindrücken, dass die Creme an den Seiten nach oben quillt. Zudecken und stocken lassen. Auf einen Teller stürzen. Mit Zitronenmelissenblättchen oder Himbeeren garnieren.

PRO STÜCK: 108 kcal; 5 g Eiweiß; 5 g Fett; 11 g Kohlenhydrate; 0,9 BE; 1,1 KHE

FRANKFURTER KRANZ

Für 1 Frankfurter Kranz,
ca. 24–28 cm Durchmesser, 12 Stücke

Verzieren
- 30 g Mandeln
- 12 kleine frische Kirschen (ca. 120 g)

Biskuit (vgl. Bilder S. 88)
- 4 Eier (Größe L)
- 80 g Zucker
- 2 g flüssiger Süßstoff
- ca. 80 g Wasser
- 200 g Weizen- oder Dinkelvollkornmehl
- 1 Pck. oder 1 gut gehäufter EL Weinsteinbackpulver (16–18 g)

Creme
- 3 Blatt Gelatine (ca. 6 g)
- 500 ml Milch (500 g)
- 40 g Maisstärke
- ½ TL gemahlene Vanilleschote
- 5 g flüssiger Süßstoff
- 120 g tiefgekühlte Butter, in Stücken
- 120 g Ricotta oder saure Sahne

Marmelade
- 150 g Beerenmarmelade (siehe Rezept Seite 86)
- 1 EL Rum (8 g)

1 Backform vorbereiten.
2 Backofen auf 170–180 °C Heißluft oder 190–200 °C Unter-Oberhitze vorheizen.
3 Mandeln ohne Fett im Ofen bei 170–200 °C ca. 5 Minuten rösten, in einen Gefrierbeutel geben und mit einer Pfanne oder einem Plattiereisen klopfen, bis sie fein gehackt sind. Ersatzweise können gehackte oder geriebene Mandeln aus dem Handel verwendet werden. Krokant ist aufgrund des hohen Zuckeranteils nicht empfehlenswert. Kirschen vorbereiten.
4 Für das Biskuit die Zutaten der Reihe nach in eine Schüssel geben. Zum Schluss das Backpulver über das Mehl streuen und mithilfe einer Gabel unter das Mehl mischen. Alle Zutaten mit dem Kugelschneebesen oder der Gabel rasch vermengen. Nur wenige Sekunden rühren, sonst wird das Biskuit nicht locker. Ist die Masse zu fest, noch etwas Wasser untermischen.
5 Die Masse so rasch wie möglich in die Kranzform streichen und backen. Das rasche Arbeiten ist nötig, da sonst das Backpulver die Wirkung verliert und der Kuchen nicht mehr so schön aufgeht oder speckig wird. Den Kuchen ca. 25–35 Minuten backen. Der Kuchen ist fertig gebacken, wenn bei der Stäbchenprobe kein Teig mehr am Stäbchen kleben bleibt (vgl. S. 84).
6 Gelatine in reichlich kaltem Wasser 5–10 Minuten einweichen. Zwei Drittel der Milch aufkochen. Die restliche Milch mit der Maisstärke verrühren. Unter Rühren in die kochende Milch geben und kochen, bis es kräftig blubbert. Vom Herd nehmen. Vanille und Süßstoff untermischen.
7 Das Wasser mit der Hand aus der Gelatine drücken und die Gelatine in der heißen Creme unter Rühren lösen, anschließend zugedeckt ca. 10 Minuten abkühlen lassen.
8 Die gefrorene oder eiskalte Butter mit einem Schneebesen in die Creme mischen. Kräftig rühren, bis sich die Butter auflöst. Den Ricotta hinzufügen und alles glatt rühren. Falls sich Klumpen in der Creme gebildet haben, die Creme mit dem Pürierstab pürieren. Ist die Creme zum Auftragen noch zu flüssig, noch ein wenig auskühlen lassen. Vor Verwendung kräftig glatt rühren!
9 Den Kuchen nach dem Auskühlen zweimal waagerecht durchschneiden. Die Marmelade aufkochen und auf dem ersten Boden verteilen. Den zweiten Boden aufsetzen. Ca. ein Viertel der Creme auf den zweiten Boden streichen. Den dritten Boden daraufsetzen. Ein weiteres Viertel der Creme in einen Spritzbeutel füllen

und beiseitestellen. Den Kranz mit der restlichen Creme rundherum einstreichen. Die gerösteten Mandeln darüberstreuen. Mit dem Spritzbeutel zwölf kleine Röschen auf den Kranz dressieren. Auf jedes Röschen eine Kirsche setzen.

10 Vor dem Anschneiden ca. 4 Stunden kalt stellen. Die Creme nimmt leicht Fremdgerüche an, daher am besten luftdicht zudecken, z. B. mit einer Tortenhaube oder in eine verkehrt verwendete Schüssel mit Deckel setzen.

PRO STÜCK: 270 kcal; 8 g Eiweiß; 15 g Fett; 26 g Kohlenhydrate; 2,2 BE; 2,6 KHE

TIPPS: Falls sich die Gelatine nicht auflöst, erwärmen Sie die Creme vor Zugabe der Butter und des Ricottas unter Rühren noch einmal ein wenig, aber nicht kochen, sonst geliert die Gelatine nicht mehr. Durch das Zudecken der Creme bildet sich beim Abkühlen keine Haut!

Bringen Sie keinen Speichel in die Creme, z. B. indem Sie zweimal mit demselben Löffel kosten. Speichel enthält das Enzym Amylase, das die Creme verflüssigt oder eine milchige Schicht darauf entstehen lässt.

DONAUWELLENTORTE

Für 1 quadratische Springform, ca. 23 x 23 cm Innenmaß, ersatzweise eine runde Springform ca. 24 cm Durchmesser, 12 Stücke

Belag

- 300 g Sauerkirschen, frisch oder gefroren, ersatzweise beliebiges anderes Obst

Biskuit (vgl. Bilder S. 88)

- 4 Eier (Größe L)
- 80 g Zucker
- 2 g flüssiger Süßstoff
- ca. 80 g Wasser
- 200 g Weizen- oder Dinkelvollkornmehl
- 2 Msp. Zimtpulver
- 1 Pck. Weinsteinbackpulver (16–18 g)

Dunkle Masse

- 2 EL Rum (16 g)
- 10 g ungesüßtes Kakaopulver
- 1 gut gehäufte Msp. Weinsteinbackpulver

Creme

- 2 Blatt Gelatine (3–4 g)
- ½ l Milch (500 g)
- 40 g Maisstärke
- ½ TL gemahlene Vanilleschote
- 5 g flüssiger Süßstoff
- 80 g eiskalte Butter, in Stücken
- 100 g Ricotta oder saure Sahne

Glasur

- 20 g Butter
- 20 g Wasser
- 50 g Schokolade

1 Backform und Belag vorbereiten.

2 Backofen auf 170–180 °C Heißluft oder 190–200 °C Unter-Oberhitze vorheizen.

3 Die Zutaten der Reihe nach in eine Schüssel geben. Zum Schluss das Backpulver über das Mehl streuen und mithilfe einer Gabel unter das Mehl mischen. Alle Zutaten mit dem Kugelschneebesen oder der Gabel rasch vermengen. Nur wenige Sekunden rühren, sonst wird das Biskuit nicht locker. Ist die Masse zu fest, noch etwas Wasser untermischen.

4 Die Hälfte der Masse so rasch wie möglich in die Backform streichen. Der Teig ergibt eine dünne Schicht. Ein Glätten des Teiges ist nicht nötig.

5 Zur restlichen Biskuitmasse den Rum, das Kakaopulver (ggf. durch ein Teesieb streichen) und das Backpulver geben. Mit dem Schneebesen oder der Gabel kurz vermengen. Die dunkle Masse grob auf der hellen Masse verteilen. Evtl. mit einer Gabel spiralförmig durchziehen, sodass eine Marmorierung entsteht.

6 Entweder die Kirschen rasch auf der Masse verteilen und mitbacken oder die Kirschen nach dem Backen zwischen zwei Lagen Creme setzen. Den Kuchen sofort in den Backofen schieben und ca. 25–35 Minuten backen. Das rasche Arbeiten ist nötig, da sonst das Backpulver die Wirkung verliert und der Kuchen nicht mehr so schön aufgeht oder speckig wird. Der Kuchen ist fertig gebacken, wenn bei der Stäbchenprobe kein Teig mehr am Stäbchen kleben bleibt (vgl. S. 84).

7 Den Rand der Springform entfernen und reinigen. Den Kuchen auf der Platte der Kuchenform auskühlen lassen, da der Kuchen sehr locker ist und leicht bricht. Den Rand der Form mit Frischhaltefolie auskleiden und nach dem Auskühlen des Bodens wieder um den Boden spannen. Die Frischhaltefolie ist nötig, damit die Creme nicht am Rand anklebt und nicht den Geschmack der Backform annimmt. Ersatzweise kann ein Tortenring verwendet werden.

8 Für die Creme die Gelatine in reichlich kaltem Wasser 5–10 Minuten einweichen. Zwei Drittel der Milch aufkochen. Die restliche Milch mit der Maisstärke verrühren. Unter Rühren in die kochende Milch geben und kochen, bis es kräftig blubbert. Vom Herd nehmen. Vanille und Süßstoff untermischen.

9 Das Wasser mit der Hand aus der Gelatine drücken und die Gelatine in der heißen Creme unter Rühren lösen, anschließend zugedeckt ca. 10 Minuten abkühlen lassen. Die gefrorene oder eiskalte Butter untermischen. Kräftig rühren, bis sich die Butter auflöst. Den Ricotta hinzufügen und alles glatt rühren.

10 Alle Zutaten für die Glasur in einen Topf geben und unter Rühren erwärmen, nicht kochen! Vom Herd nehmen. Die Glasur so lange rühren, bis sie die Konsistenz einer herkömmlichen Glasur annimmt, also etwas abkühlt und dickflüssig wird.

11 Die Creme auf dem ausgekühlten Biskuitboden verstreichen. Die Glasur in Streifen über der Creme verteilen. Vor dem Anschneiden ca. 4 Stunden kalt stellen. Achtung, die Creme nimmt leicht Fremdgerüche an, daher am besten luftdicht zudecken.

TIPPS: Falls sich die Gelatine nicht auflöst, erwärmen Sie die Creme vor Zugabe der Butter und des Ricottas unter Rühren noch einmal ein wenig, aber nicht kochen, sonst geliert die Gelatine nicht mehr. Durch das Zudecken der Creme bildet sich beim Abkühlen keine Haut!

Bringen Sie keinen Speichel in die Creme, z. B. indem Sie zweimal mit demselben Löffel kosten. Speichel enthält das Enzym Amylase, das die Creme verflüssigt oder eine milchige Schicht darauf entstehen lässt.

PRO STÜCK: 274 kcal; 7 g Eiweiß; 14 g Fett; 29 g Kohlenhydrate; 2,4 BE; 2,9 KHE

Kuchen mit
Quark, Joghurt, Milch, Ricotta oder saurer Sahne

Im Folgenden wird der Einfachheit halber von Quarkkuchen gesprochen! Quarkkuchen gibt es in verschiedenen Variationen, z. B. mit Mürbeteigboden, Hefeteigboden oder ohne Boden.

ZUBEREITUNG MÜRBETEIG

vgl. Bilder S. 98

Ist im Rezept Backpulver angegeben, bereiten Sie den Mürbeteig immer erst zum Schluss zu, d. h. zuerst das Obst, den Belag etc. vorbereiten und als Abschluss den Mürbeteig herstellen. Arbeiten Sie so rasch wie möglich, dann behält das Backpulver die volle Wirkung und der Kuchen wird luftiger.

Sie ersparen sich das Vorbacken („blind backen") des Mürbeteiges, wenn Sie den Kuchen mitsamt Belag für die ersten 15–20 Minuten auf den Backofenboden stellen und anbacken. Danach auf die erste Einschubschiene geben, sonst verbrennt der Mürbeteig. Diese Technik gelingt aber nur bei Verwendung der Unter-Oberhitzefunktion. Verfügt Ihr Backofen über keine Unter-Oberhitzefunktion, heizen Sie den Ofen auf 180 °C Heißluft vor und backen den Kuchen zunächst 15 Minuten. Den Kuchen aus dem Ofen nehmen und den Belag darüber verteilen. Zurück in den Ofen schieben und wie im Rezept angegeben fertig backen.

HINWEIS: Die Butter für den Teig nicht zu stark erhitzen, sie soll nur lauwarm sein. Es genügt, wenn ein Teil der Butter im Topf schmilzt, der Rest der Butter wird dadurch ausreichend weich. Ist die Butter zu heiß, wird der Teig zäh. Falls Sie die Butter doch zu stark erhitzt haben, lassen Sie diese vor Verwendung ein paar Minuten abkühlen.

Rühren Sie nicht zu lange und auf gar keinen Fall mit dem Mixer, sonst wird der Teig zäh. Je kürzer Sie rühren, desto luftiger wird der Kuchen!

Arbeiten Sie so rasch wie möglich, dann bleibt die Wirkung des Backpulvers in vollem Umfang erhalten. Je schneller der Kuchen ab dem Zusammenrühren des Teiges im Ofen steht, desto schöner und luftiger wird er.

ZUBEREITUNG QUARK-ÖL-TEIG

vgl. Bilder S. 138

Bereiten Sie den Quark-Öl-Teig immer erst zum Schluss zu, d. h. zuerst das Obst, den Belag etc. vorbereiten und als Abschluss den Quark-Öl-Teig herstellen. Arbeiten Sie so rasch wie möglich, dann behält das Backpulver die volle Wirkung. Rühren Sie den Teig nicht zu lange und auf gar keinen Fall mit dem Mixer, sonst wird der Teig zäh. Je kürzer Sie rühren, desto luftiger der Kuchen!

Der Teigboden wird besonders fluffig, wenn Sie den Kuchen mitsamt Belag für die ersten 15 Minuten auf den Backofenboden stellen und anbacken. Danach auf die erste Einschubschiene geben, sonst verbrennt der Quark-Öl-Teig. Diese Technik gelingt aber nur bei Verwendung der Unter-Oberhitzefunktion. Verfügt Ihr Backofen über keine Unter-Oberhitzefunktion, backen Sie den Kuchen, wie links beim Mürbeteig beschrieben, vor.

ZUBEREITUNG HEFETEIG

vgl. Bilder S. 117

Hefeteig soll an einem warmen Ort ruhen. Bereiten Sie daher den Hefeteig immer als Erstes zu, d. h. erst, wenn der Hefeteig fertig ist, können Sie die Backform, den Belag etc. vorbereiten.

ZUBEREITUNG QUARKKUCHEN OHNE BODEN

Es genügt ein Vermischen aller Zutaten. Je kürzer Sie rühren, desto luftiger der Quarkkuchen. Rühren Sie die Quarkkuchen aus diesem Buch niemals mit dem Mixer, sonst werden diese nicht mehr luftig, stattdessen evtl. sogar zäh. Am besten verwenden Sie zum Verrühren einen Schneebesen, eine Teigkarte oder eine Gabel.

Vorbereitung von Backform und Zutaten

In Quarkmasse gerührtes Obst

Obst kann frisch oder gefroren verwendet werden. Falls durch die Zugabe von gefrorenen Früchten die Masse friert, ist das kein Problem. Beim Backen taut die Masse auf und gart vollständig durch.

Quarkkuchen lösen sich aus Silikonbackformen am besten!

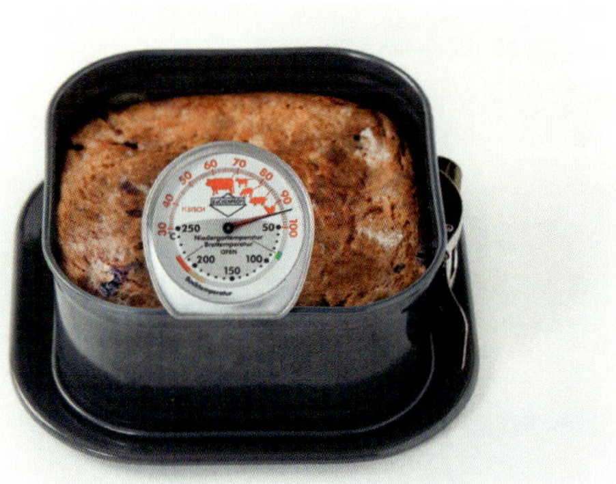

Messen der Kerntemperatur

Der Kuchen ist fertig gebacken, wenn er vollflächig hell bräunt und die Kerntemperatur bei mindestens 90 °C liegt. Dazu ein Bratenthermometer in die Mitte des Kuchens stechen. Die Kerntemperatur sollte bei mindestens 90 °C liegen. Bratenthermometer können Sie in jedem Haushaltswarengeschäft für maximal 10 Euro erwerben. Teurere Modelle sind nicht nötig!

Wenn die Oberfläche schon dunkel bräunt, der Kuchen aber noch nicht fertig gebacken ist, decken Sie den Kuchen mit Alufolie ab, schalten Sie evtl. die Temperatur zurück und lassen Sie den Kuchen fertig backen.

Damit die Alufolie bei Verwendung der Heißluftfunktion nicht vom Kuchen geblasen wird, legen Sie ein Besteckmesser auf die Folie. Das Messer muss ofenfest, d. h. frei von Kunststoff, Lack, Holz oder Verzierungen etc. sein. Achtung! Das Messer wird glühend heiß! Also nach dem Backen von der Form in das Waschbecken gleiten lassen oder mit einer Küchenzange oder einem Geschirrtuch entfernen.

Lassen Sie den Quarkkuchen vor dem Stürzen ein paar Minuten auskühlen, dann löst er sich leichter und behält die Form besser. Quarkkuchen gehen beim Backen oft sehr auf, sinken dann aber, sobald Sie diese aus dem Ofen nehmen, nach ein paar Minuten ein wenig ein, da die Masse insgesamt zu schwer ist, um stabil zu bleiben.

FRÜCHTE

Sie können gerne andere als die angegebenen Früchte verwenden. Allerdings sollten Sie auf Kiwi, Ananas und Papaya verzichten. Diese eignen sich aufgrund der in den Früchten enthaltenen Enzyme nicht. Sie würden der Quarkmasse einen bitteren Geschmack verleihen.

AUFBEWAHREN

Bewahren Sie Quarkkuchen luftdicht zugedeckt und kühl, am besten im Kühlschrank, auf. Quarkkuchen verderben sehr rasch!

Achtung! Quarkkuchen nehmen sehr schnell Fremdgerüche auf, z. B. den Kühlschrankgeruch, daher immer luftdicht abdecken: z. B. in einem gut schließenden Kuchenbehälter oder in einer Germteigschüssel mit Deckel, die Sie verkehrt verwenden, d. h., der Deckel dient als Tellerersatz und die Schüssel als Abdeckung.

Quarkkuchen eignen sich nicht zum Tiefkühlen.

BRATAPFELKRANZ

eifrei

Für 1 Kranzkuchenform, ca. 26 cm Durchmesser, oder Springform mit Rohrboden, 12 Stücke

Creme

- 400 g Milch
- 40 g Maisstärke
- 120 g Ricotta oder saure Sahne
- 120 g Magerquark
- Schale und Saft von ½ Bio-Zitrone (ca. 15 g Saft) oder Schale von 1 und Saft von ½ Bio-Orange
- 3 Msp. gemahlene Vanilleschote
- 5 g flüssiger Süßstoff

Äpfel

- 5 kleine Äpfel (500 g), ersatzweise 500 g in Scheiben oder in Spalten geschnittene Äpfel
- 60 g Marmelade nach dem Rezept auf Seite 86

Mürbeteig

- 50 g hochwertige Butter
- 50 g Zucker
- Schale von ½ Bio-Zitrone
- 130 g Weizen- oder Dinkelvollkornmehl
- 1 ½ gut gehäufte TL Weinsteinbackpulver (6 g)
- kaltes Wasser nach Bedarf

1 Backform vorbereiten.
2 Backofen auf 200 °C Unter-Oberhitze vorheizen.
3 Für die Creme zwei Drittel der Milch in einen Topf geben und aufkochen lassen. Die restliche Milch mit der Maisstärke verrühren und unter Rühren kochen, bis es kräftig blubbert. Vom Herd nehmen und zugedeckt beiseitestellen.
4 Die Kerngehäuse der Äpfel mithilfe eines Kerngehäuseausstechers herauslösen. Die Öffnung evtl. mit Marmelade füllen.
5 Die inzwischen etwas abgekühlte Creme noch einmal mit einem Schneebesen glatt rühren. Die restlichen Zutaten untermengen und gut verrühren. Kräftig würzen!
6 Für den Teig die Butter in einem Topf schmelzen. Die Butter nur schmelzen, nicht aufkochen. Ist die Butter zu heiß, wird der Teig zäh! Ggf. abkühlen lassen. Vom Herd nehmen. Die restlichen Zutaten der Reihe nach hinzufügen. Zunächst das Backpulver mithilfe einer Gabel unter das Mehl mengen, dann alle Zutaten mit der Gabel verrühren. So viel Wasser hinzufügen, dass sich der Teig mit der Gabel gut vermischen lässt und nicht mehr krümelt.
7 Den Teig rasch mit der nassen Hand in die Form drücken. Die Äpfel auf den Teig setzen, die Creme darüber verteilen.
8 Den Kuchen auf den Backofenboden stellen und 20 Minuten backen (vgl. S. 96). Danach auf die erste Einschubleiste schieben und in 25–35 Minuten fertig backen. Der Kuchen ist fertig gebacken, wenn er ein helles Beige annimmt, die Äpfel weich sind (mit einem Spieß testen) und die Kerntemperatur bei über 90 °C liegt. Die Kerntemperatur messen Sie mit einem Bratenthermometer (vgl. S. 97). Ist der Kuchen schon braun, aber noch nicht fertig gebacken, decken Sie ihn mit Alufolie ab.

TIPP: Nach dem Backen mindestens ½ Tag auskühlen lassen, damit die Creme stockt und sich der Kuchen schneiden lässt.

TIPP FÜR INSULINPFLICHTIGE DIABETIKER: Hobeln Sie die Äpfel in Streifen oder Scheiben, dann lassen sich diese gleichmäßiger verteilen und die BEs bzw. KHEs variieren pro Stück weit weniger als bei Verwendung von ganzen Äpfeln.

PRO PORTION: 160 kcal; 5 g Eiweiß; 6 g Fett; 21 g Kohlenhydrate; 1,8 BE; 2,1 KHE

Fertig vorbereitet: Äpfel (links vorne), Creme (rechts vorne) und Teig (hinten)

Teig und Äpfel in der Form

Creme in Form verteilt

KÄSEKUCHEN MIT APRIKOSEN

Für 1 runde Kuchenform, ca. 24 cm Durchmesser, 12 Stücke

Belag

- 300 g Aprikosen, halbiert, entkernt; frisch oder gefroren

Käsemasse

- Schale von 1 Bio-Zitrone, -Orange oder -Limette
- 350 g Magerquark
- 125 g Ricotta oder saure Sahne
- 2 Msp. gemahlene Vanilleschote
- 30 g Maisstärke
- 30 g Öl
- 10 g flüssiger Süßstoff
- 3 Eier

Mürbeteig (vgl. Bilder S. 99)

- 20 g hochwertige Butter
- 30 g Ricotta oder saure Sahne
- 20 g Zucker
- 3 g flüssiger Süßstoff
- 130 g Weizen- oder Dinkelvollkornmehl
- 1 ½ gut gehäufte TL Weinsteinbackpulver (6 g)
- ca. 60 g eiskaltes Wasser

Verzieren

- evtl. 10 g gehackte Kürbiskerne oder Pistazien

1 Backform und Belag vorbereiten.

2 Backofen auf 200 °C Unter-Oberhitze vorheizen.

3 Für die Käsemasse die Zitronenschale in eine Schüssel reiben. Die restlichen Zutaten, bis auf die Eier, hinzufügen und mit einem Schneebesen glatt rühren. Die Eier untermengen. Nicht zu lange rühren, je kürzer Sie rühren, desto fluffiger der Kuchen. Die Eier nicht mit dem Mixer einrühren, sonst wird der Kuchen zäh!

4 Butter in einem Topf schmelzen. Die Butter nur schmelzen, nicht aufkochen. Ist die Butter zu heiß, wird der Teig zäh! Ggf. abkühlen lassen. Vom Herd nehmen. Die restlichen Zutaten der Reihe nach hinzufügen. Zunächst das Backpulver mithilfe einer Gabel unter das Mehl mengen, dann alle Zutaten mit der Gabel verrühren. So viel Wasser hinzufügen, dass sich der Teig mit der Gabel gut vermischen lässt und nicht mehr krümelt.

5 Den Teig rasch mit der nassen Hand in die Form drücken. Die Käsemasse und anschließend das Obst rasch darüber verteilen. Evtl. ein paar gehackte Kürbiskerne oder Pistazien darüberstreuen.

6 Den Kuchen auf den Backofenboden stellen und 20 Minuten backen (vgl. S. 96). Danach auf die erste Einschubleiste schieben und in 25–35 Minuten fertig backen. Der Kuchen ist fertig gebacken, wenn er hellbeige ist und die Kerntemperatur bei über 90 °C liegt. Die Kerntemperatur messen Sie mit einem Bratenthermometer (vgl. S. 97). Ist der Kuchen schon braun, aber noch nicht fertig gebacken, decken Sie ihn mit Alufolie zu.

TIPP: Arbeiten Sie so rasch wie möglich, dann bleibt die Wirkung des Backpulvers in vollem Umfang erhalten. Je schneller der Kuchen ab dem Zusammenrühren des Teiges im Ofen steht, desto schöner und luftiger wird er.

PRO STÜCK: 151 kcal; 9 g Eiweiß; 7 g Fett; 14 g Kohlenhydrate; 1,2 BE; 1,4 KHE

BEERENTARTE

Für 1 mittelgroße runde Kuchenform, ca. 17 cm Durchmesser, 12 Stücke

Obst
- 300 g Waldbeeren, frisch oder gefroren

Belag
- Schale von 1 Bio-Zitrone oder -Orange
- 250 g Ricotta oder saure Sahne
- 10 g Maisstärke
- 6 g flüssiger Süßstoff
- 2 Msp. gemahlene Vanilleschote
- 1 Ei

Mürbeteig (vgl. Bilder S. 98)
- 50 g hochwertige Butter
- 2 g flüssiger Süßstoff
- 130 g Weizen- oder Dinkelvollkornmehl
- 1 ½ gut gehäufte TL Weinsteinbackpulver (6 g)
- ca. 50 g eiskaltes Wasser

1 Backform und Obst vorbereiten.
2 Backofen auf 200 °C Unter-Oberhitze vorheizen.
3 Die Zitronenschale in eine Schüssel reiben. Die restlichen Zutaten hinzufügen. Alle Zutaten mit einem Schneebesen glatt rühren. Nicht zu lange rühren, je kürzer Sie rühren, desto luftiger der Kuchen. Beiseitestellen.
4 Butter in einem Topf schmelzen. Die Butter nur schmelzen, nicht aufkochen. Ist die Butter zu heiß, wird der Teig zäh! Ggf. abkühlen lassen. Vom Herd nehmen. Die restlichen Zutaten der Reihe nach hinzufügen. Zunächst das Backpulver mithilfe einer Gabel unter das Mehl mengen, dann alle Zutaten mit der Gabel verrühren. So viel Wasser hinzufügen, dass sich der Teig mit der Gabel gut vermischen lässt und nicht mehr krümelt.
5 Den Teig rasch mit der nassen Hand in die Form drücken. Die Beeren auf dem Mürbeteigboden verteilen und mit dem Belag abdecken oder umgekehrt.
6 Den Kuchen auf den Backofenboden stellen und 20 Minuten backen (vgl. S. 96). Danach auf die erste Einschubleiste schieben und in 25–35 Minuten fertig backen. Der Kuchen ist fertig gebacken, wenn er ein helles Beige annimmt und die Kerntemperatur bei über 90 °C liegt. Die Kerntemperatur messen Sie mit einem Bratenthermometer (vgl. S. 97). Ist der Kuchen braun, aber noch nicht fertig gebacken, decken Sie ihn mit Alufolie zu.

TIPP: Rühren Sie nicht zu lange und auf gar keinen Fall mit dem Mixer, sonst wird der Teig zäh. Je kürzer Sie rühren, desto luftiger der Kuchen! Arbeiten Sie so rasch wie möglich, dann bleibt die Wirkung des Backpulvers in vollem Umfang erhalten.

PRO STÜCK: 117 kcal; 4 g Eiweiß; 6 g Fett; 12 g Kohlenhydrate; 1,0 BE; 1,2 KHE

BROMBEER-QUARK-KÖNIGSKUCHEN

Für 1 Königskuchenform/Kastenkuchenform, 25 cm, 10 Stücke

Belag
- Schale und Saft von 1 Bio-Zitrone (ca. 20 g Saft), ersatzweise Bio-Orange
- ½ TL gemahlene Vanilleschote
- 8 g flüssiger Süßstoff
- 120 g Ricotta oder saure Sahne
- 250 g Magerquark
- 30 g Maisstärke
- 2 Eier

Obst
- 200 g Brombeeren, frisch oder gefroren, ersatzweise ungesüßte Orangen- oder Mandarinenfilets

Mürbeteig (vgl. Bilder S. 98)
- 40 g Butter
- 3 g flüssiger Süßstoff
- 30 g Ricotta oder saure Sahne
- 120 g Weizen- oder Dinkelvollkornmehl
- 1 ½ gut gehäufte TL Weinsteinbackpulver (6 g)
- ca. 40 g kaltes Wasser nach Bedarf

1 Backform vorbereiten.
2 Für den Belag alle Zutaten bis auf die Eier mit einem Schneebesen verrühren. Die Eier mit dem Schneebesen untermischen. Nur wenige Sekunden rühren, dann wird der Kuchen luftiger!
3 Backofen auf 200 °C Unter-Oberhitze vorheizen.
4 Obst vorbereiten.
5 Für den Teig die Butter in einem Topf schmelzen, der so groß ist, dass alle Zutaten darin Platz haben. Nicht zu stark erhitzen, sonst wird der Teig zäh! Ggf. einige Minuten abkühlen lassen. Vom Herd nehmen. Die restlichen Zutaten der Reihe nach hinzufügen. Dabei das Backpulver mithilfe einer Gabel unter das Mehl mengen. Dann alle Zutaten mit der Gabel verrühren. So viel Wasser hinzufügen, dass sich der Teig mit der Gabel gut vermischen lässt und nicht mehr krümelt.
6 Den Teig rasch mit der nassen Hand in die Form drücken. Das Obst und anschließend den Belag sofort darüber verteilen.
7 Den Kuchen auf den Backofenboden stellen und 20 Minuten backen. Danach auf die erste Einschubleiste schieben und in ca. 50 Minuten fertig backen. Der Kuchen ist fertig gebacken, wenn er ein helles Beige annimmt und die Kerntemperatur bei über 90 °C liegt. Die Kerntemperatur messen Sie mit einem Bratenthermometer (vgl. S. 97). Ist der Kuchen schon braun, aber noch nicht fertig gebacken, decken Sie ihn mit Alufolie zu.

TIPP: Durch das Anbacken auf dem Backofenboden sparen Sie sich das Vorbacken des Teiges. Diese Technik gelingt aber nur mit der Unter-Oberhitzefunktion! (vgl. S. 96)

PRO STÜCK: 146 kcal; 8 g Eiweiß; 7 g Fett; 12 g Kohlenhydrate; 1,0 BE; 1,2 KHE

ALLGÄUER KIRSCHKUCHEN

Für 1 runde Kuchenform, ca. 24 cm Durchmesser, 12 Stücke

Creme
- 250 g Milch
- 20 g Maisstärke
- ½ TL gemahlene Vanilleschote
- 2 g flüssiger Süßstoff

Belag
- 20 g hochwertige Butter
- 20 g Milch
- 30 g Zucker
- 50 g Mandelblättchen
- 2 Msp. gemahlene Vanilleschote

Obst
- 300 g Sauerkirschen, frisch oder Tiefkühlware

Mürbeteig (vgl. Bilder S. 99)
- 50 g hochwertige Butter
- 2 g flüssiger Süßstoff
- 1 Ei
- 130 g Weizen- oder Dinkelvollkornmehl
- 1 ½ gut gehäufte TL Weinsteinbackpulver (6 g)
- ca. 30 g kaltes Wasser

1 Milch und Maisstärke in einen Topf geben und verrühren. Unter Rühren aufkochen, bis die Creme kräftig blubbert. Vom Herd nehmen. Restliche Zutaten untermischen. Zudecken, damit sich keine Haut bildet, und beiseitestellen.
2 Alle Zutaten für den Belag in einen Topf geben und unter Rühren erhitzen. Vom Herd nehmen.
3 Backform und Obst vorbereiten.
4 Backofen auf 200 °C Unter-Oberhitze vorheizen.
5 Für den Teig die Butter in einem Topf schmelzen. Die Butter nur schmelzen, nicht aufkochen. Ist die Butter zu heiß, wird der Teig zäh! Ggf. abkühlen lassen. Vom Herd nehmen. Die restlichen Zutaten der Reihe nach hinzufügen. Zunächst das Backpulver mithilfe einer Gabel unter das Mehl mengen, dann alle Zutaten mit der Gabel verrühren. So viel Wasser hinzufügen, dass sich der Teig mit der Gabel gut vermischen lässt und nicht mehr krümelt.
6 Den Teig rasch mit der nassen Hand in die Form drücken. Die Kirschen auf dem Teig verteilen. Die Creme mithilfe einer Teigkarte über den Kirschen verstreichen. Sie lässt sich nicht so gut gleichmäßig verstreichen, durch das Backen verflüssigt sie sich aber und verteilt sich gut. Zum Schluss mithilfe der Teigkarte den Belag über der Creme verteilen.
7 Den Kuchen auf den Backofenboden stellen und 15 Minuten backen (vgl. S. 96). Danach auf die erste Einschubleiste schieben und in 25–35 Minuten fertig backen. Der Kuchen ist fertig gebacken, wenn er ein helles Beige annimmt und die Kerntemperatur bei über 90 °C liegt. Die Kerntemperatur messen Sie mit einem Bratenthermometer (vgl. S. 97). Ist der Kuchen schon braun, aber noch nicht fertig gebacken, decken Sie ihn mit Alufolie zu.

TIPP: Rühren Sie nicht zu lange und auf gar keinen Fall mit dem Mixer, sonst wird der Teig zäh. Je kürzer Sie rühren, desto luftiger der Kuchen! Arbeiten Sie so rasch wie möglich, dann bleibt die Wirkung des Backpulvers in vollem Umfang erhalten. Je schneller der Kuchen ab dem Zusammenrühren des Teiges im Ofen steht, desto schöner und luftiger wird er.

PRO STÜCK: 153 kcal; 4 g Eiweiß; 9 g Fett; 15 g Kohlenhydrate; 1,3 BE; 1,5 KHE

BULGUR-SCHOKO-KUCHEN

Für 1 quadratische Kuchenform, ca. 17 x 17 cm, ersatzweise eine runde Kuchenform, ca. 18 cm Durchmesser, 9 Stücke

Belag

- ½ Apfel mit Schale (70 g)
- Schale und Saft von 1 Bio-Zitrone oder -Orange (ca. 20 g Saft)
- 30 g Öl
- 120 g Ricotta oder saure Sahne
- 120 g Magerquark
- 50 g roher Vollkornbulgur, ersatzweise Vollkorncouscous
- 8 g flüssiger Süßstoff
- 2 Eier

Obst

- evtl. ca. 200 g Beeren zum Belegen, z. B. Brombeeren, oder beliebiges anderes Obst (vgl. S. 97)

Mürbeteig (vgl. Bilder S. 99)

- 60 g Butter
- 30 g Zucker
- 80 g Weizen- oder Dinkelvollkornmehl
- 10 g ungesüßtes Kakaopulver
- kaltes Wasser nach Bedarf

1 Den Apfel grob in eine Schüssel raspeln. Die Zitronenschale dazureiben. Die restlichen Zutaten, bis auf die Eier, in die Schüssel geben und mit einem Schneebesen glatt rühren. Eier hinzufügen und mit einer Gabel nur noch kurz untermengen. Je kürzer Sie rühren, desto luftiger der Kuchen!

2 Die Backform und, bei Verwendung eines Obstbelags, das Obst vorbereiten.

3 Backofen auf 190–200 °C Unter-Oberhitze vorheizen.

4 Für den Teig die Butter in einem Topf schmelzen, der so groß ist, dass alle Zutaten darin Platz haben. Die Butter nur schmelzen, nicht aufkochen. Ist die Butter zu heiß, wird der Teig zäh! Dann einige Minuten abkühlen lassen. Vom Herd nehmen.

5 Die restlichen Zutaten der Reihe nach hinzufügen. Alle Zutaten mit einer Gabel verrühren. So viel Wasser untermengen, dass sich der Teig mit der Gabel gut vermischen lässt und nicht mehr krümelt. Rühren Sie nicht zu lange und auf gar keinen Fall mit dem Mixer, sonst wird der Teig zäh. Je kürzer Sie rühren, desto luftiger der Kuchen!

6 Den Teig mit der nassen Hand in die Form drücken. Ggf. das Obst und anschließend den Belag darüber verteilen. Den Kuchen auf den Backofenboden stellen und 15 Minuten backen. Danach auf die erste Einschubleiste schieben und in 30–40 Minuten fertig backen. Der Kuchen ist fertig gebacken, wenn er ein helles Beige annimmt und die Kerntemperatur bei über 90 °C liegt. Die Kerntemperatur messen Sie mit einem Bratenthermometer (vgl. S. 97). Ist der Kuchen schon braun, aber noch nicht fertig gebacken, decken Sie ihn mit Alufolie zu.

TIPP: Durch das Anbacken auf dem Backofenboden sparen Sie sich das Vorbacken des Teiges. Diese Technik gelingt aber nur mit der Unter-Oberhitzefunktion! (vgl. S. 96)

PRO STÜCK OHNE BROMBEEREN:
174 kcal; 5 g Eiweiß; 11 g Fett;
13 g Kohlenhydrate; 1,1 BE; 1,3 KHE

PRO STÜCK MIT BROMBEEREN:
180 kcal; 6 g Eiweiß; 11 g Fett;
14 g Kohlenhydrate; 1,2 BE; 1,4 KHE

HEIDELBEER-KRÜMEL-KUCHEN

Für 1 Königskuchenform/Kastenkuchenform, 25 cm, 10 Stücke

Belag

- Schale und Saft von 1 Bio-Zitrone (ca. 20 g Saft)
- 2 Msp. gemahlene Vanilleschote
- 250 g Magerquark
- 15 g Weizen- oder Dinkelvollkorngrieß
- 7 g flüssiger Süßstoff
- 100 g Milch
- 2 Eier

Obst

- 200 g Heidelbeeren, ersatzweise schwarze Johannisbeeren, frisch oder gefroren, oder beliebiges anderes Obst (vgl. S. 97)

Mürbeteig (vgl. Bilder S. 99)

- 100 g Butter
- 150 g Weizen- oder Dinkelvollkornmehl
- 50 g Zucker
- 2 Msp. Zimt

1 Backform vorbereiten.

2 Alle Zutaten für den Belag, bis auf die Milch und die Eier, mit einem Schneebesen verrühren. Die Milch unterrühren. Die Eier mit einer Gabel untermischen. Nur wenige Sekunden rühren, dann wird der Kuchen luftiger! Die Milch darf nicht direkt mit dem Zitronensaft in Verbindung kommen, sonst flockt sie aus. Daher verrühren Sie zuerst alle Zutaten und mischen erst dann die Milch unter! Flockt die Milch doch einmal aus, pürieren Sie den Belag vor Zugabe der Eier mit einem Pürierstab, dann merkt man im fertigen Kuchen nichts mehr. Eier sollten immer zum Schluss und nur noch locker untergerührt werden, am besten mit einer Gabel. Dann wird die Masse lockerer.

3 Obst vorbereiten.

4 Backofen auf 170–180 °C Heißluft oder 190–200 °C Unter-Oberhitze vorheizen.

5 Für den Mürbeteig Butter in einem Topf schmelzen, der so groß ist, dass alle Zutaten darin Platz haben. Nicht zu stark erhitzen, sonst wird der Teig zäh! Vom Herd nehmen. Restliche Zutaten hinzufügen und mit einer Gabel zu Krümeln vermengen. Nicht zu lange rühren, sonst entsteht ein Teigklumpen. Passiert dies, zupfen Sie den Teig in kleine Stücke.

6 Etwa ein Drittel des Teiges in die Kuchenform drücken. Das Obst darüber verteilen. Mit dem Belag abdecken. Den restlichen Teig über den Belag krümeln.

7 Den Kuchen auf den Backofenboden stellen und 15 Minuten backen. Danach auf die erste Einschubleiste schieben und in 50–60 Minuten fertig backen. Der Kuchen ist fertig gebacken, wenn der Belag bräunt und die Kerntemperatur bei über 90 °C liegt. Die Kerntemperatur messen Sie mit einem Bratenthermometer (vgl. S. 97). Ist der Kuchen schon braun, aber noch nicht fertig gebacken, decken Sie ihn mit Alufolie zu.

TIPP: Durch das Anbacken auf dem Backofenboden sparen Sie sich das Vorbacken des Teiges. Diese Technik gelingt aber nur mit der Unter-Oberhitzefunktion! (vgl. S. 96)

PRO STÜCK: 197 kcal; 7 g Eiweiß; 10 g Fett; 18 g Kohlenhydrate; 1,5 BE; 1,8 KHE

VANILLESAUCE

eifrei

Für 4 Portionen

- 500 ml Milch (500 g)
- 20 g Maisstärke
- 2 Spr. flüssiger Süßstoff
- 2 gut gehäufte Msp. gemahlene Vanilleschote

1 Zwei Drittel der Milch in einen Topf geben und aufkochen lassen. Die restliche Milch mit der Maisstärke verrühren und unter Rühren kochen, bis es kräftig blubbert.
2 Kocht die Vanillesauce zu kurz, schmeckt die Sauce nach Stärke. In diesem Fall einfach noch einmal unter Rühren aufkochen. Vom Herd nehmen und die restlichen Zutaten unterrühren.

Hinweis: Bringen Sie niemals Speichel in die Vanillesauce, z. B. indem Sie zweimal mit demselben Löffel kosten, ohne diesen zu waschen. Speichel enthält das Stärke verdauende Enzym Amylase, das dazu führt, dass sich die Vanillesauce verflüssigt oder sich eine milchige Schicht an der Oberfläche bildet.

PRO STÜCK: 98 kcal; 4 g Eiweiß; 4 g Fett; 10 g Kohlenhydrate; 0,8 BE; 1,0 KHE

QUARK-GRIESS-KUCHEN

Vgl. Bilder S. 96/97

Für 1 quadratische Kuchenform, ca. 17 x 17 cm, 8 Stücke

Obst
- 300 g Waldbeerenmischung, frisch oder gefroren

Quarkmischung
- Schale und Saft (ca. 20 g) von 1 Bio-Zitrone
- 3 Msp. gemahlene Vanilleschote
- 250 g Magerquark
- 125 g Ricotta oder saure Sahne
- 9 g flüssiger Süßstoff
- 2 Eier
- 50 g Weizen- oder Dinkelvollkorngrieß
- 1 ½ TL Weinsteinbackpulver (6 g)

1 Backform und Obst vorbereiten.
2 Backofen auf 170–180 °C Heißluft oder 190–200 °C Unter-Oberhitze vorheizen.
3 Alle Zutaten der Reihe nach in eine Schüssel geben. Zum Schluss das Backpulver über dem Grieß verteilen und mithilfe eines Schneebesens mit dem Grieß vermengen.
4 Alle Zutaten mit dem Schneebesen rasch glatt rühren. Je kürzer Sie rühren, desto luftiger wird der Kuchen. Zum Schluss die Beeren vorsichtig mit einer Teigkarte oder Gabel untermischen.
5 Die Masse rasch in die Form füllen und sofort in den Backofen schieben. 40–55 Minuten backen. Der Kuchen ist fertig gebacken, wenn er bräunt und eine Kerntemperatur von mindestens 90 °C aufweist (vgl. S. 97). Ist der Kuchen schon braun, aber noch nicht fertig gebacken, decken Sie ihn mit Alufolie ab und lassen den Kuchen fertig backen.

TIPP: Genießen Sie den Kuchen ofenwarm, am besten mit etwas Vanillesauce, oder kalt.

PRO STÜCK: 112 kcal; 9 g Eiweiß; 3 g Fett; 12 g Kohlenhydrate; 1,0 BE; 1,2 KHE

ZUPFKUCHEN

Für 1 Königskuchenform (Kastenkuchen), 25 cm Innenmaß, ersatzweise eine mittelgroße runde Springform, ca. 20 cm Durchmesser, 10 Stücke

Quarkmischung

- Schale von 1 Bio-Zitrone, -Limette oder -Orange
- 10–20 g frisch gepresster Saft einer Bio-Zitrone, -Limette oder -Orange
- 250 g Magerquark
- 250 g Ricotta oder saure Sahne
- 100 g Milch
- 7 g flüssiger Süßstoff
- 3 Msp. gemahlene Vanilleschote
- 20 g Maisstärke
- 2 Eier

Streusel

- 100 g Butter
- 150 g Weizen- oder Dinkelvollkornmehl
- 50 g Zucker
- 10 g ungesüßtes Kakaopulver
- 3 Msp. Zimt

Obstbelag

- 200 g Waldbeeren, frisch oder gefroren, ersatzweise anderes Obst (vgl. S. 97)

1 Backform vorbereiten.
2 Backofen auf 170–180 °C Heißluft oder 190–200 °C Unter-Oberhitze vorheizen.
3 Alle Zutaten, bis auf die Eier, mit einem Schneebesen glatt rühren. Eier mit einer Gabel untermischen. Nur kurz vermengen, dann wird der Kuchen luftiger!
4 Für die Streusel die Butter in den Topf geben und schmelzen, nicht zu stark erhitzen, sonst werden die Streusel zäh! Vom Herd nehmen. Die restlichen Zutaten hinzufügen und mit einer Gabel zu Krümeln vermengen, nicht zu lange, sonst entsteht ein Teigklumpen und keine Streusel. Falls dies passiert, den Teig für ein paar Minuten in den Tiefkühler stellen und danach mit der Hand in Stücke zupfen. Wenn sich nur kleine Krümel, aber keine Streusel bilden, mischen Sie ein paar Tropfen kaltes Wasser in die Masse. Dann bindet die Masse und es bilden sich größere Streusel.
5 Die Hälfte der Streusel in die Kuchenform drücken. Die Hälfte der Quarkmischung daraufgeben. Das Obst darüber verteilen. Mit der restlichen Quarkmischung abdecken. Die restlichen Teigkrümel darüberstreuen und ein wenig andrücken. Den Kuchen in den Backofen schieben und 50–60 Minuten backen. Der Kuchen ist fertig gebacken, wenn die Kerntemperatur über 90 °C liegt (vgl. S. 97). Den Kuchen in der Form auskühlen lassen, sonst bricht er beim Stürzen.

PRO STÜCK: 250 kcal; 10 g Eiweiß; 14 g Fett; 21 g Kohlenhydrate; 1,8 BE; 2,1 KHE

RICOTTATORTE

Für 1 mittelgroße runde Backform, ca. 20 cm Durchmesser, 10 Stücke

Belag

- 200 g Himbeeren, frisch oder gefroren, oder beliebiges anderes Obst (vgl. S. 97)

Guss

- 50 g Milch
- 200 g Ricotta oder saure Sahne
- 10 g Maisstärke
- 4 g flüssiger Süßstoff
- 4 Msp. gemahlene Vanilleschote
- 1 Ei

Quark-Öl-Teig (vgl. Bilder S. 138)

- 2 Msp. gemahlene Vanilleschote
- evtl. Bio-Zitronenschale
- evtl. Zimt
- 20 g Öl
- 20 g Milch
- ca. 30 g Wasser
- 4 g flüssiger Süßstoff
- 70 g Magerquark
- 120 g Weizen- oder Dinkelvollkornmehl
- ½ Pck. Weinsteinbackpulver (8–9 g)

Garnieren

- 1 TL gehackte Kürbiskerne oder Pistazien (5 g)

1 Backform und Belag vorbereiten.
2 Alle Zutaten für den Guss, bis auf die Eier, mit einem Schneebesen verrühren. Die Eier mit dem Schneebesen untermischen, nur wenige Sekunden rühren, dann wird der Kuchen luftiger!
3 Backofen auf 190 °C Unter-Oberhitze vorheizen.
4 Alle Zutaten für den Teig der Reihe nach in eine Schüssel geben. Dabei das Backpulver über das Mehl streuen und mithilfe einer Gabel unter das Mehl mischen. Alle Zutaten mit der Gabel so rasch wie möglich vermengen. Je schneller der Teig vermischt ist, desto lockerer wird der Kuchen. Niemals mit dem Mixer oder zu lange rühren, sonst wird der Kuchen speckig.
5 Den Teig sofort mit der nassen Hand in die Form drücken. Das Obst darüberstreuen. Mit dem Guss überziehen. Ein paar gehackte Kürbiskerne oder Pistazien darüberstreuen.
6 Den Kuchen auf den Backofenboden stellen und 15 Minuten backen (vgl. S. 96). Danach auf die erste Einschubleiste schieben und in ca. 50–60 Minuten fertig backen. Der Kuchen ist fertig gebacken, wenn der Belag bräunt und die Kerntemperatur bei über 90 °C liegt. Die Kerntemperatur messen Sie mit einem Bratenthermometer (vgl. S. 97). Ist der Kuchen schon braun, aber noch nicht fertig gebacken, decken Sie ihn mit Alufolie ab.

TIPP: Je schneller der Kuchen ab dem Zusammenrühren des Teiges im Ofen steht, desto schöner und luftiger wird er.

PRO STÜCK: 121 kcal; 5 g Eiweiß; 6 g Fett; 10 g Kohlenhydrate; 0,8 BE; 1,0 KHE

MOHNTORTE MIT ÄPFELN

Für 1 runde Kuchenform, 24–28 cm Durchmesser, 12 Stücke

Mohnbelag

- 300 g Wasser
- 200 g Mohn
- 20 g Weizen- oder Dinkelvollkorngrieß
- 7 g flüssiger Süßstoff
- ca. 20 g Saft von 1 Bio-Zitrone oder -Orange
- ½ TL Zimt
- 2 Msp. Nelkenpulver
- evtl. Rum
- 2 Eier

Apfelbelag

- 300 g Äpfel

Streusel

- 60 g Butter
- 100 g Weizen- oder Dinkelvollkornmehl
- 30 g Zucker
- 2 Msp. Zimt

Quark-Öl-Teig (vgl. Bilder S. 138)

- Schale von 1 Bio-Zitrone oder -Orange
- 30 g Öl
- 40 g Milch
- 130 g Quark
- 8 g flüssiger Süßstoff
- 250 g Weizen- oder Dinkelvollkornmehl
- 1 Pck. oder 1 gut gehäufter EL Weinsteinbackpulver (16–18 g)
- ca. 100 g Wasser

1 Backform vorbereiten.
2 Beläge vorbereiten. Für den Mohnbelag das Wasser aufkochen, Mohn hinzufügen, unter Rühren aufkochen lassen, es entsteht eine sehr feste Masse. Vom Herd nehmen und die restlichen Zutaten untermischen.
3 Die Äpfel ungeschält halbieren, entkernen, in Spalten schneiden.
4 Für die Streusel die Butter in einem Topf schmelzen, der so groß ist, dass alle Zutaten darin Platz haben. Nicht zu stark erhitzen, sonst werden die Streusel zäh! Dann einige Minuten abkühlen lassen. Vom Herd nehmen. Restliche Zutaten hinzufügen und mit einer Gabel zu Streuseln vermischen. Falls sich der Teig zu einem Klumpen verbindet, zupfen Sie den Teig in kleine Stücke.
5 Backofen auf 190 °C Unter-Oberhitze vorheizen.
6 Alle Zutaten für den Teig der Reihe nach in eine Schüssel geben. Dabei das Backpulver über das Mehl streuen und mithilfe einer Gabel unter das Mehl mischen. Alle Zutaten mit der Gabel rasch vermengen.
7 Den Teig sofort mit der nassen Hand in die Form drücken. Mit den Apfelspalten rasch belegen. Mit dem Mohnbelag abdecken. Zum Schluss die Streusel darüber verteilen.
8 Den Kuchen auf den Backofenboden stellen und 15 Minuten backen (vgl. S. 96). Danach auf die erste Einschubleiste schieben und in ca. 50–60 Minuten fertig backen. Der Kuchen ist fertig gebacken, wenn der Belag bräunt und die Kerntemperatur bei über 90 °C liegt. Die Kerntemperatur messen Sie mit einem Bratenthermometer (vgl. S. 97). Ist der Kuchen schon braun, aber noch nicht fertig gebacken, decken Sie ihn mit Alufolie ab.

PRO STÜCK: 283 kcal; 10 g Eiweiß; 16 g Fett; 26 g Kohlenhydrate; 2,2 BE; 2,6 KHE

HEFE-STREUSELKUCHEN

eifrei

Für 1 runde Springform, 24–28 cm Durchmesser, 12 Stücke; für 1 Backblech verwenden Sie die doppelte Menge

Hefeteig (vgl. Tipps S. 137)

- Schale und Saft von 1 Bio-Zitrone (ca. 20 g Saft)
- 150 g Weizen- oder Dinkelvollkornmehl
- 20 g Öl
- 3 g flüssiger Süßstoff
- ca. 100 g lauwarmes Wasser
- 8 g frische Hefe (ca. 1/5 Würfel)

Creme

- 500 g Milch (500 ml)
- 40 g Maisstärke
- ½ TL gemahlene Vanilleschote
- 4 g flüssiger Süßstoff

Streusel

- 70 g Butter
- 80 g Weizen- oder Dinkelvollkornmehl
- 30 g Mandeln, gerieben oder gehackt
- 30 g Zucker
- 1 Msp. Zimtpulver
- evtl. kaltes Wasser

Obstbelag

- 300 g Stachelbeeren, Aprikosen oder beliebiges anderes Obst (vgl. S. 97)

1 Backform vorbereiten, sie muss dicht sein.

2 Alle Zutaten für den Teig in eine Schüssel geben. Die Hefe in das Wasser bröckeln. Zuerst die Hefe mithilfe einer Gabel in das Wasser rühren und dann alle Zutaten mit der Gabel vermischen. Der Teig soll so weich sein, dass er sich gerade noch mit der Gabel vermengen lässt. Falls der Teig zu fest ist, noch etwas Wasser hinzufügen. Den Teig nicht zu flüssig anrühren, sonst wird der Kuchen speckig. Wird er zu fest, schmeckt er trocken.

3 Den Teig mit der nassen Hand in die Backform drücken. Die Form beiseitestellen.

4 Zwei Drittel der Milch in einen Topf geben und aufkochen lassen. Die restliche Milch mit der Maisstärke verrühren und unter Rühren kochen, bis es kräftig blubbert. Vom Herd nehmen. Vanille und Süßstoff untermischen. Die Creme noch einmal kräftig durchrühren, sodass sie nicht mehr ganz so kochend heiß ist. Noch warm auf dem Hefeteig verteilen. Den Topf auswaschen und für die Streusel verwenden.

5 Butter in den Topf geben und schmelzen, nicht zu stark erhitzen, sonst werden die Streusel zäh! Vom Herd nehmen. Mehl, Mandeln und Zucker hinzufügen und mit einer Gabel zu Krümeln vermengen. Nicht zu lange rühren, sonst entsteht ein Teigklumpen. Falls dies passiert, den Teig für ein paar Minuten in den Tiefkühler stellen und danach mit der Hand in Stücke zupfen. Wenn sich nur kleine Krümel aber keine Streusel bilden, mischen Sie ein paar Tropfen kaltes Wasser in die Masse. Dann bindet die Masse und es bilden sich größere Streusel.

6 Den Backofen auf 170 °C Heißluft oder 190 °C Unter-Oberhitze vorheizen. Obst vorbereiten, ggf. halbieren (z. B. bei den Äpfeln), entkernen und in Stücke schneiden.

7 Das Obst auf der Creme verteilen und etwas hineindrücken. Streusel darüberstreuen und ebenfalls ein wenig andrücken.

8 Den Kuchen auf die unterste Backofenschiene stelle und ca. 70 Minuten backen (vgl. S. 96). Der Kuchen ist fertig gebacken, wenn die Kerntemperatur bei 90 °C liegt (vgl. S. 97). Den Kuchen in der Form auskühlen lassen. Dann stockt die Creme und der Kuchen lässt sich gut schneiden.

PRO PORTION: 193 kcal; 4 g Eiweiß; 10 g Fett; 21 g Kohlenhydrate; 1,8 BE; 2,1 KHE

Fertiger Hefeteig

Fertige Creme und Belag

Fertige Streusel

Plätzchen

Wer liebt sie nicht, die herrlich duftenden Plätzchen, vor allem zur Weihnachtszeit? Auch in der Diabetikervariante lassen sich mit ein paar kleinen Veränderungen köstliche Plätzchen zubereiten.

MODIFIZIERUNG

Verwenden Sie für gesunde Diabetikerplätzchen:

- Vollkornmehl statt Weißmehl,
- weniger und hochwertigere Fette als in vergleichbaren Rezepten,
- weniger Zucker,
- natürliche Gewürze, also z. B. Zitronenschale statt Zitronenaroma oder Vanilleschote statt künstlichen Vanillins, denn nur die natürlichen Gewürze liefern wichtige Wirkstoffe,
- bevorzugen Sie außerdem Plätzchenteige, die es ermöglichen, aus einer kleinen Menge eine Vielzahl an Plätzchen herzustellen.

Genau diesen Prinzipien folgen die Plätzchenrezepte aus diesem Buch.

ZUSATZPLUS: Die Plätzchen lassen sich alle deutlich schneller zubereiten als Plätzchen aus herkömmlichen Teigen!

ZUBEREITUNG

Bereiten Sie, bevor Sie den Plätzchenteig zusammenrühren, das Equipment vor. Sobald der Teig einmal zusammengerührt ist, sollten die Plätzchen so schnell wie möglich den Weg in den Backofen finden, dann gehen sie besonders schön auf.

Das Backblech mit Backpapier auskleiden oder ein spezielles Backblech mit Beschichtung verwenden. Achtung! Patisseriebleche, also Bleche mit einer Perforierung (kleine Löcher im Blech), eignen sich nicht, da die Kekse aus Vollkornteigen in diesem Buch zu weich sind und der Teig durch die kleinen Löcher tropfen würde.

Backofen auf 170–180 °C Heißluft oder 190–200 °C Unter-Oberhitze vorheizen. Die Plätzchen niemals in den kalten Ofen schieben! Die Plätzchen gehen sonst nicht auf, es entstehen unansehnliche Fladen oder speckige Plätzchen.

Wenn Sie mehrere Lagen auf einmal backen, verwenden Sie die Heißluftfunktion, sonst backen die Plätzchen nicht gleichmäßig durch. Bei der Unter-Oberhitze-Funktion können Sie nur ein Blech einschieben, da die Hitze nur von oben und von unten abstrahlt, aber nicht, wie bei der Heißluft, im Backofen verteilt wird.

Zutaten

Fertiger Teig

Plätzchenteig auf Blech

Für den Teig alle Zutaten in eine Schüssel geben. Dabei das Backpulver über dem Mehl verteilen. Zuerst das Backpulver mit dem Mehl vermischen, dann alle Zutaten mit einer Gabel oder Teigkarte vermengen. Je kürzer Sie rühren, desto schöner gehen die Plätzchen auf!

Niemals mit einem elektrischen Rührgerät oder zu lange rühren, sonst wird der Teig zäh und die Plätzchen speckig, gummiartig oder steinhart.

Ab dem Zeitpunkt des Zusammenrührens des Teigs die Plätzchen so rasch wie möglich formen, das geht meist mit einem Löffel, z. B. einem Teelöffel, am schnellsten.
TIPP: Formen Sie die Plätzchen möglichst klein, das schont das Kalorien- und Kohlenhydratkonto, da man erfahrungsgemäß von allen Plätzchen kosten möchte.

Schaben Sie den gesamten Teig mit einer Teigkarte vollständig aus der Schüssel. Mitunter bleiben sonst größere Mengen Teig in der Schüssel zurück, die das Ergebnis in Bezug auf die Kohlenhydrate verfälschen.

Die geformten Plätzchen so rasch wie möglich in den Ofen schieben, dann werden sie besonders schön! 10–15 Minuten backen. Sobald die Plätzchen am Rand bräunen, sind sie fertig gebacken.

HINWEIS: Die Konsistenz der Plätzchen sagt nicht immer etwas über den Gargrad aus. Oft härten Plätzchen erst beim Auskühlen nach.

HINWEIS: Die Zuckermenge ist bei den angeführten Plätzchen bezogen auf ihre Anzahl so gering, dass ein Ersatz durch Süßstoff kaum einen Unterschied in der Kohlenhydratmenge, wohl aber in der Konsistenz bringt. Dank entsprechender Rezepturen ist es möglich, aus einer kleinen Menge Teig eine Vielzahl an Plätzchen herzustellen.

TIPP: Plätzchen vor dem Verzieren entweder im Dörrapparat oder bei 50 °C Heißluft im Backofen ca. 40 Minuten nachtrocknen lassen, so werden sie besonders knusprig. Zum Nachtrocknen können Sie mehrere Bleche beliebiger Plätzchen in den Ofen schieben. 5 Minuten auskühlen lassen und sofort in eine Gebäckdose schichten, sonst nehmen die Plätzchen wieder die Feuchtigkeit aus der Luft auf und der knusprige Effekt geht verloren.

PLÄTZCHEN VERZIEREN

Plätzchen bekommen oft erst durch eine kleine Verzierung den optischen Pep. Damit Ihre Plätzchen nicht zur Zuckerfalle werden, verwenden Sie so wenig Verzierung wie möglich, z. B. können mit 1 Esslöffel Schokoladenglasur rund 60 Plätzchen verziert werden, wenn Sie die Schokoladenglasur nur als kleine Tupfen, Kreise oder Fäden auf die Plätzchen auftragen.

TIPP: Füllen Sie die Glasur in einen kleinen Gefrierbeutel. Stechen Sie mit einer Nadel oder einem dünnen Spieß ein Loch in den Beutel. So lässt sich die Glasur besonders dünn auftragen. Alternativ dazu können Sie natürlich auch Tüten aus Backpapier formen oder spezielle Tüten und Pressen aus dem Handel verwenden.

AUFBEWAHREN

Wenn nicht anders angegeben, bewahren Sie die Plätzchen in einer Gebäckdose auf. So bleiben sie am längsten frisch.

HALTBARKEIT DER PLÄTZCHEN

Plätzchen sind oft monatelang haltbar. Die bei den Rezepten angegebene Mindesthaltbarkeit gibt diese bei optimaler Lagerung an. Bei schlechter Lagerung kann es passieren, dass die Plätzchen schon früher verderben, das erkennen Sie am üblen Geruch und Geschmack, manchmal bildet sich sogar Schimmel auf den Plätzchen oder in der Dose. Gleichzeitig bedeutet das Mindesthaltbarkeitsdatum aber auch, dass die Plätzchen oft Wochen bis Monate danach noch haltbar sind. Im Zweifelsfall das Plätzchen genauer anschauen, daran riechen und eventuell kosten, dann erkennen Sie sofort, ob das Plätzchen noch genießbar ist oder nicht.

KOHLENHYDRATMENGE BERECHNEN

Kleben Sie sich bei Bedarf einen Notizzettel mit der Angabe der Kohlenhydratmenge oder BE/KHE auf die Gebäckdose.

SO ERMITTELN SIE DEN KOHLENHYDRATANTEIL PRO PLÄTZCHEN

1. Kohlenhydrate bzw. BE/KHE pro Stück berechnen
Die Plätzchen möglichst gleich groß formen. Die Gesamtkohlenhydratmenge/BE/KHE durch die Anzahl der Plätzchen dividieren. So erhalten Sie die Kohlenhydratmenge bzw. BE/KHE pro Plätzchen.

BEISPIEL: Ein Rezept enthält 36 g Kohlenhydrate, daraus lassen sich 12 Plätzchen formen.

Berechnung auf Basis der Kohlenhydrate
36/12 ergibt 3 g Kohlenhydrate pro Plätzchen.

Berechnung auf Basis der BE
Kohlenhydratmenge/12 = Gesamt-BE
=> 36/12 = 3 BE
3 BE/12 Plätzchen = 0,25 BE/Plätzchen

Berechnung auf Basis der KHE
Kohlenhydratmenge/10 = Gesamt-BE
=> 36/10 = 3,6 KHE
3,6 KHE/12 Plätzchen = 0,3 KHE/Plätzchen

NACHTEIL: Die Plätzchen müssen alle in etwa gleich groß sein, sonst stimmt die Berechnung nicht. Vorteil: Plätzchen trocknen bei längerer Lagerung aus und verlieren dadurch an Gewicht, die Kohlenhydrat-/BE-/KHE-Menge bleibt aber gleich. Wenn Sie die Einheit pro Plätzchen festlegen, müssen Sie sich also keine Gedanken über etwaige Gewichtsverluste und damit Fehlberechnungen machen.

TIPP: Ist ein Teig zum Formen oder Ausrollen zu weich, stechen Sie einfach mit dem Löffel kleine Häufchen aus!

2. Pro Mengeneinheit
Sie wiegen alle Plätzchen nach dem Auskühlen ab. Beim Auskühlen verlieren die Plätzchen Feuchtigkeit und damit Gewicht. Deshalb ist es wichtig, das Auswiegen und die Berechnung erst nach dem Auskühlen durchzuführen. Mithilfe des Dreisatzes können Sie dann die Kohlenhydrate/BE/KHE pro Mengeneinheit ermitteln.

BEISPIEL: Ein Rezept enthält 36 g Kohlenhydrate. Alle Plätzchen zusammen haben ein Gewicht von 120 g.

Berechnung auf Basis der Kohlenhydrate
120 g Plätzchen enthalten 36 g Kohlenhydrate
100 g Plätzchen enthalten x g Kohlenhydrate
(100 x 36)/120 = 30 g Kohlenhydrate pro 100 g Plätzchen

Berechnung auf Basis der BE
Kohlenhydratmenge/12 = Gesamt-BE
=> 36/12 = 3 BE
120 g Plätzchen enthalten 3 BE
100 g Plätzchen enthalten x BE
(100 x 3)/120 = 2,5 BE pro 100 g Plätzchen

Berechnung auf Basis der KHE
Kohlenhydratmenge/10 = Gesamt-KHE
=> 36/10 = 3,6 KHE
120 g Plätzchen enthalten 3,6 KHE
100 g Plätzchen enthalten x KHE
(100 x 3,6)/120 = 3 KHE pro 100 g Plätzchen

VORTEIL: Sie müssen beim Ausarbeiten nicht so genau arbeiten. Die Plätzchen können auch unterschiedlich groß sein.

NACHTEIL: Plätzchen trocknen während der Lagerung aus und verlieren dadurch an Gewicht. Das verändert den Kohlenhydratgehalt bezogen auf das Gewicht. D. h. es enthalten 100 g Plätzchen nach ein paar Tagen mehr Kohlenhydrate als unmittelbar nach dem Backen.

SÜSSE BRÖTCHEN

milchfrei

Für 30 Stück

Teig

- 1 kleines Ei (Größe S, ca. 50 g)
- 10 g echter Bienenhonig, der Honig soll nicht auskristallisiert, sondern dickflüssig sein
- 1 EL Lebkuchengewürz
- 20 g Öl, z. B. Rapsöl
- 30 g Zucker, z. B. feiner Vollrohrzucker
- 1 Spr. Süßstoff
- 130 g Weizen- oder Dinkelvollkornmehl
- ⅓ Pck. Weinsteinbackpulver (6 g)
- evtl. kaltes Wasser, falls der Teig zu krümelig ist

1 Backblech mit Backpapier auslegen.
2 Backofen auf 170–180 °C Heißluft oder 190–200 °C Unter-Oberhitze vorheizen.
3 Alle Zutaten der Reihe nach in eine Schüssel geben. Zum Schluss das Backpulver auf die trockenen Zutaten streuen. Mit einer Gabel zuerst das Backpulver unter die trockenen Zutaten mischen und dann alle Zutaten mit der Gabel kurz vermengen.
4 Aus dem mürben Teig eine Rolle formen. (Kein zusätzliches Mehl verwenden, sonst schmecken die Plätzchen mehlig, zudem erhöht sich der Kohlenhydratanteil.) Scheiben abschneiden, Kugeln formen und auf das Blech setzen. Sofort in den Backofen schieben und ca. 10 Minuten backen.
5 Auskühlen lassen und beliebig verzieren.

Mindesthaltbarkeit: 4 Wochen
Aufbewahrung: Gebäckdose

PRO STÜCK: 28 kcal; 0,8 g Eiweiß; 0,9 g Fett; 4,1 g Kohlenhydrate; 0,34 BE; 0,41 KHE
GESAMTMENGE: 845 kcal; 34 g Eiweiß; 42 Fett; 186 g Kohlenhydrate; 15,5 BE; 18,6 KHE

SCHOKO-BUSSIS

Für 50 Stück

Teig

- 1 kleines Ei (Größe S, ca. 50 g)
- 50 g weiche oder geschmolzene hochwertige Butter
- 50 g beliebige geröstete, gehackte Nüsse
- 50 g Schokoflocken oder geraspelte Schokolade
- 1 gehäufter TL ungesüßtes Kakaopulver (ca. 5 g)
- 20 g Zucker, z. B. feiner Vollrohrzucker
- 100 g Weizen- oder Dinkelvollkornmehl
- ⅓ Pck. Weinsteinbackpulver (6 g)
- Gewürze nach Belieben
- evtl. kaltes Wasser, falls der Teig zu krümelig ist

1 Backblech mit Backpapier auslegen.
2 Backofen auf 170–180 °C Heißluft oder 190–200 °C Unter-Oberhitze vorheizen.
3 Alle Zutaten der Reihe nach in eine Schüssel geben. Zum Schluss das Backpulver auf die trockenen Zutaten streuen. Mit einer Gabel zuerst das Backpulver unter die trockenen Zutaten mischen und dann alle Zutaten mit der Gabel kurz vermengen.
4 Mit einem Löffel kleine Häufchen auf das Blech setzen, sofort in den Backofen schieben und ca. 10 Minuten backen. Auskühlen lassen und beliebig verzieren.

Mindesthaltbarkeit: 4 Wochen
Aufbewahrung: Gebäckdose

PRO STÜCK: 29 kcal; 0,6 g Eiweiß; 2,0 g Fett; 2,3 g Kohlenhydrate; 0,19 BE; 0,23 KHE
GESAMTMENGE: 1450 kcal; 27 g Eiweiß; 88 g Fett; 104 g Kohlenhydrate; 8,7 BE; 10,4 KHE

HONIGKNUSPIS

eifrei

Für 24 Stück

Teig

- 30 g hochwertige Butter
- 30 g gehackte Nüsse, z. B. Walnüsse
- 30 g Weizen- oder Dinkelvollkornmehl
- 30 g grobe Vollkornhaferflocken
- 30 g Zucker
- 15 g echter Bienenhonig
- 15 g Wasser
- Gewürze, z. B. Zimt, nach Belieben

1 Backblech mit Backpapier auslegen.
2 Backofen auf 170–180 °C Heißluft oder 190–200 °C Unter-Oberhitze vorheizen.
3 Butter in einen Topf geben und schmelzen. Vom Herd nehmen. Restliche Zutaten in den Topf wiegen. Zum Schluss mit einem Löffel in wenigen Sekunden zu einem weichen Teig verrühren.
4 Mit einem Teelöffel kleine Häufchen auf das Blech setzen. In den Backofen schieben und 8–10 Minuten backen. Die Plätzchen sollen bräunen, aber an den Rändern nicht schwarz werden.

HINWEIS: Die Plätzchen behalten beim Backen die Form und laufen kaum auseinander.

Mindesthaltbarkeit: 4 Wochen
Aufbewahrung: mit offenem Deckel lagern

PRO STÜCK: 32 kcal; 0,5 g Eiweiß; 1,9 g Fett; 3,4 g Kohlenhydrate; 0,28 BE; 0,34 KHE
GESAMTMENGE: 773 kcal; 14 g Eiweiß; 56 g Fett; 101 g Kohlenhydrate; 8,4 BE; 10,1 KHE

STOFFL-KNUSPIS

milchfrei

Für 55 Stück

Teig

- 1 kleines Ei (Größe S, ca. 50 g)
- 70 g feiner Vollrohrzucker
- 200 g beliebige geröstete, grob gehackte Nüsse
- Gewürze nach Belieben

1 Backblech mit Backpapier auslegen.
2 Backofen auf 170–180 °C Heißluft oder 190–200 °C Unter-Oberhitze vorheizen.
3 Alle Zutaten der Reihe nach in eine Schüssel geben. Mit einem Löffel vermischen. Kleine Häufchen auf das Blech setzen. Die Häufchen flach drücken, sodass Taler entstehen. In den Backofen schieben und ca. 10 Minuten backen. Die Häufchen halten erst nach dem Backen und Auskühlen zusammen!

Mindesthaltbarkeit: 4 Wochen
Aufbewahrung: ohne Deckel lagern

PRO STÜCK: 31 kcal; 0,5 g Eiweiß; 2,5 g Fett; 1,6 g Kohlenhydrate; 0,13 BE; 0,16 KHE
GESAMTMENGE: 1676 kcal; 15 g Eiweiß; 74 g Fett; 49 g Kohlenhydrate; 4,1 BE; 4,9 KHE

KRISTALLE

milchfrei

Für 30 Stück

Teig

- 1 Eiweiß
- 40 g Zucker
- 50 g geröstete, gehackte Cashewkerne
- Schale von 1 Bio-Zitrone, -Orange oder -Limette

1 Backblech mit Backpapier auslegen.
2 Backofen auf 170–180 °C Heißluft oder 190–200 °C Unter-Oberhitze vorheizen.
3 Zwei Töpfe mit etwas Abstand nebeneinanderstellen. Zwei bis drei lange Kochlöffel, ersatzweise Holzstäbe oder Spieße, darauflegen. Die Kochlöffel dienen als „Wäscheleine" für die fertig gebackenen Plätzchen.
4 Alle Zutaten der Reihe nach in eine Schüssel geben. Mit einer Teigkarte zu einer sehr weichen Masse vermengen. Mit einem Teelöffel kleine Häufchen auf das Backblech setzen. Ausreichend Abstand halten, da die Häufchen auseinanderfließen, in den Backofen schieben und ca. 10 Minuten backen.
5 Sofort nach dem Backen mit einer Backschaufel vom Blech heben und über den Kochlöffelstiel hängen. Ca. 20 Minuten auskühlen lassen. In die Gebäckdose füllen.

HINWEIS: Lässt man die Plätzchen offen liegen, weichen sie nach einem Tag etwas auf, schmecken aber trotzdem noch hervorragend.

Mindesthaltbarkeit: 4 Wochen
Aufbewahrung: Gebäckdose

PRO STÜCK: 16 kcal; 0,4 g Eiweiß; 0,8 g Fett; 1,8 g Kohlenhydrate; 0,15 BE; 0,18 KHE
GESAMTMENGE: 476 kcal; 12 g Eiweiß; 24 g Fett; 53 g Kohlenhydrate; 4,4 BE; 5,3 KHE

FLOCKIGE FLADEN

Für 35 Stück

Teig

- 1 kleines Ei (Größe S, ca. 50 g)
- 40 g feiner Vollrohrzucker
- 50 g weiche oder geschmolzene hochwertige Butter
- 50 g grobe Vollkornhaferflocken
- 20 g Weizen- oder Dinkelvollkornmehl
- Gewürze nach Belieben

1 Backblech mit Backpapier auslegen.
2 Backofen auf 170–180 °C Heißluft oder 190–200 °C Unter-Oberhitze vorheizen.
3 Alle Zutaten der Reihe nach in eine Schüssel geben. Mit einem Löffel zu einem weichen Teig vermengen. Mit dem Löffel kleine Häufchen auf das Blech setzen. Ausreichend Abstand halten, da die Häufchen auseinanderfließen. In den Backofen schieben und ca. 10 Minuten backen. Auskühlen lassen und beliebig verzieren.

HINWEIS: Die Fladen schmecken nach dem Backen knusprig, weichen aber an der Luft ein wenig auf. Trotzdem schmecken die Fladen noch hervorragend. Wenn sie knusprig bleiben sollen, füllen Sie die Fladen ca. 10 Minuten nach dem Backen in eine Gebäckdose. Weich gewordene Plätzchen können Sie bei 50 °C im Backofen oder im Dörrapparat nachtrocknen und so wieder knusprig zaubern.

Mindesthaltbarkeit: 4 Wochen
Aufbewahrung: Gebäckdose

PRO STÜCK: 25 kcal; 0,4 g Eiweiß; 1,5 g Fett; 2,4 g Kohlenhydrate; 0,2 BE; 0,24 KHE
GESAMTMENGE: 1347 kcal; 13 g Eiweiß; 44 g Fett; 72 g Kohlenhydrate; 6,0 BE; 7,2 KHE

SOFTE HAFERTALER MIT BISS

Für 36 Stück

Teig

- 30 g hochwertige Butter
- Gewürze (z. B. Zimt, Bio-Zitronenschale, Vanille etc.; die Plätzchen schmecken ohne Gewürz fad)
- 30 g Zucker
- 1 kleines Ei (Größe S, ca. 50 g)
- 30 g beliebige fein gehackte Nüsse, z. B. Haselnüsse
- 30 g Weizen- oder Dinkelvollkornmehl
- 30–60 g grobe Vollkornhaferflocken, je mehr Flocken, desto grober und kerniger die Plätzchen
- 1 gestrichener TL Weinsteinbackpulver (3 g)

1 Backblech mit Backpapier auslegen.
2 Backofen auf 170–180 °C Heißluft oder 190–200 °C Unter-Oberhitze vorheizen.
3 Butter in einen Topf geben und schmelzen. Vom Herd nehmen. Restliche Zutaten in den Topf wiegen. Zum Schluss das Backpulver über das Mehl streuen. Mit einer Gabel zuerst das Backpulver in das Mehl mischen, dann alle Zutaten mit der Gabel in wenigen Sekunden zu einem sehr weichen Teig vermengen.
4 Mit einem Teelöffel rasch sehr kleine Häufchen auf das Blech setzen. Abstand halten, die Häufchen laufen auseinander! Sofort in den Backofen schieben und 8–10 Minuten backen.

Mindesthaltbarkeit: 4 Wochen
Aufbewahrung: mit offenem Deckel lagern

PRO STÜCK (mit 30 g Haferflocken in der Gesamtmenge): 23 kcal; 0,5 g Eiweiß; 1,5 g Fett; 2,0 g Kohlenhydrate; 0,17 BE; 0,2 KHE
GESAMTMENGE (mit 30 g Haferflocken in der Gesamtmenge): 825 kcal; 15 g Eiweiß; 44 g Fett; 60 g Kohlenhydrate; 5,0 BE; 6,0 KHE

SCHOKO-NUSS-BERGE ▸

milchfrei

Für 45 Stück

Teig

- 1 Ei (60 g)
- ½ TL gemahlene Vanilleschote
- 1 Msp. Nelkenpulver
- 15 g ungesüßtes Kakaopulver
- 40 g Nuss- oder Rapsöl
- 60 g geröstete, geriebene Haselnüsse
- 40 g feiner Vollrohrzucker
- 1 Spr. Süßstoff
- 40 g Weizen- oder Dinkelvollkornmehl
- ½ Pck. Weinsteinbackpulver (8–9 g)
- evtl. kaltes Wasser, falls der Teig zu krümelig ist

1 Backblech mit Backpapier auslegen.
2 Backofen auf 170–180 °C Heißluft oder 190–200 °C Unter-Oberhitze vorheizen.
3 Alle Zutaten der Reihe nach in eine Schüssel geben. Zum Schluss das Backpulver auf die trockenen Zutaten streuen. Mit einer Gabel zuerst das Backpulver unter die trockenen Zutaten mischen, dann alle Zutaten mit der Gabel kurz vermengen.
4 Mit einem Teelöffel rasch kleine Häufchen auf das Blech setzen, sofort in den Backofen schieben und 10–15 Minuten backen. Auskühlen lassen und beliebig verzieren.

Mindesthaltbarkeit: 4 Wochen
Aufbewahrung: Gebäckdose

PRO STÜCK: 27 kcal; 0,5 g Eiweiß; 2,0 g Fett; 1,7 g Kohlenhydrate; 0,14 BE; 0,17 KHE
GESAMTMENGE: 1193 kcal; 22 g Eiweiß; 90 g Fett; 76 g Kohlenhydrate; 6,3 BE; 7,6 KHE

SCHOKO-MANDEL-TALER

Für 40 Stück

Teig

- 1 kleines Ei (Größe S, ca. 50 g)
- 30 g feiner Vollrohrzucker
- 40 g weiche oder geschmolzene hochwertige Butter
- 40 g Schokoblättchen oder gehackte Schokolade
- 40 g geröstete, gehackte Mandeln
- 40 g Weizen- oder Dinkelvollkornmehl
- ⅓ Pck. Weinsteinbackpulver (6 g)
- Zimt, Vanilleschotenpulver
- evtl. kaltes Wasser, falls der Teig zu krümelig ist

1 Backblech mit Backpapier auslegen.
2 Backofen auf 170–180 °C Heißluft oder 190–200 °C Unter-Oberhitze vorheizen.
3 Alle Zutaten der Reihe nach in eine Schüssel geben. Zum Schluss das Backpulver auf die trockenen Zutaten streuen. Mit einer Gabel zuerst das Backpulver unter die trockenen Zutaten mischen, dann alle Zutaten mit der Gabel kurz vermengen.
4 Mit einem Teelöffel kleine Häufchen auf das Blech setzen, sofort in den Backofen schieben und ca. 10 Minuten backen. Auskühlen lassen und beliebig verzieren.

Mindesthaltbarkeit: 4 Wochen
Aufbewahrung: Gebäckdose

PRO STÜCK: 27 kcal; 0,6 g Eiweiß; 1,8 g Fett; 2,0 g Kohlenhydrate; 0,17 BE; 0,2 KHE
GESAMTMENGE: 1078 kcal; 26 g Eiweiß; 83 g Fett; 92 g Kohlenhydrate; 7,7 BE; 9,2 KHE

PINIENPLÄTZCHEN MIT KASTANIEN

milchfrei

Für 15 Stück

Teig

- 1 gehäufter TL Zimt
- ½ TL gemahlene Vanilleschote
- 1 Eiweiß (30 g)
- 1 gehäufter EL Zucker (15 g)
- 1 Spr. Süßstoff
- 40 g Pinienkerne, ersatzweise beliebige andere Nüsse
- 40 g Kastanienreis (Tiefkühlware oder gegarte Kastanien schälen und klein hacken)
- 20 g Weizen- oder Dinkelvollkornmehl
- 4 Msp. Weinsteinbackpulver (2 g)

1 Backblech mit Backpapier auslegen.
2 Backofen auf 170–180 °C Heißluft oder 190–200 °C Unter-Oberhitze vorheizen.
3 Alle Zutaten der Reihe nach in eine Schüssel geben. Zum Schluss das Backpulver mit den trockenen Zutaten vermischen, dann alle Zutaten mit einer Gabel kurz zu einem weichen Teig verrühren.
4 Mit einem Löffel rasch kleine Häufchen auf das Blech setzen. Dabei Abstand halten, da die Häufchen auseinanderlaufen, in den Backofen schieben und 8–12 Minuten backen. Auskühlen lassen. Evtl. mit wenig Schokoglasur verzieren.

Mindesthaltbarkeit: 4 Wochen
Aufbewahrung: Gebäckdose, auch mit offenem Deckel

PRO STÜCK OHNE GLASUR: 29 kcal; 1,1 g Eiweiß; 1,4 g Fett; 3,0 g Kohlenhydrate; 0,25 BE; 0,3 KHE
GESAMTMENGE OHNE GLASUR: 440 kcal; 32 g Eiweiß; 43 g Fett; 90 g Kohlenhydrate; 7,5 BE; 9,0 KHE

CASHEWKEKSE

Für 35 Stück

Teig

- 1 kleines Ei (Größe S, ca. 50 g)
- 70 g weiche oder geschmolzene hochwertige Butter
- 50 g feiner Vollrohrzucker
- 1 Spr. Süßstoff
- 50 g geröstete, gehackte Cashewkerne
- 120 g Weizen- oder Dinkelvollkornmehl
- ⅓ Pck. Weinsteinbackpulver (6 g)
- Gewürze nach Belieben
- evtl. kaltes Wasser, falls der Teig zu krümelig ist

1 Backblech mit Backpapier auslegen.
2 Backofen auf 170–180 °C Heißluft oder 190–200 °C Unter-Oberhitze vorheizen.
3 Alle Zutaten der Reihe nach in eine Schüssel geben. Zum Schluss das Backpulver auf die trockenen Zutaten streuen. Mit einer Gabel zuerst das Backpulver unter die trockenen Zutaten mischen, dann alle Zutaten mit der Gabel zu einem sehr weichen Teig vermengen.
4 Mit einem Löffel rasch kleine Häufchen auf das Blech setzen, sofort in den Backofen schieben und ca. 10 Minuten backen. Auskühlen lassen und beliebig verzieren.

Mindesthaltbarkeit: 4 Wochen
Aufbewahrung: Gebäckdose

PRO STÜCK: 42 kcal; 0,8 g Eiweiß; 2,6 g Fett; 4,0 g Kohlenhydrate; 0,33 BE; 0,4 KHE
GESAMTMENGE: 1480 kcal; 37 g Eiweiß; 116 g Fett; 178 g Kohlenhydrate; 14,8 BE; 17,8 KHE

MOHNAUGEN

eifrei

Für 30 Stück

Teig

- 40 g Ricotta oder saure Sahne
- 40 g weiche oder geschmolzene hochwertige Butter
- 40 g Mohnkörner oder gemahlener Mohn
- 40 g feiner Vollrohrzucker
- 80 g Weizen- oder Dinkelvollkornmehl
- ¼ Pck. Weinsteinbackpulver (4–5 g)
- 3 Msp. Zimt
- 1 gestrichene Msp. Nelkenpulver
- evtl. Schale von ½ Bio-Orange
- evtl. kaltes Wasser, falls der Teig zu krümelig ist

Füllung

- 1 EL beliebige Marmelade oder Gelee (ca. 15 g)

1 Backblech mit Backpapier auslegen.
2 Backofen auf 170–180 °C Heißluft oder 190–200 °C Unter-Oberhitze vorheizen.
3 Alle Zutaten der Reihe nach in eine Schüssel geben. Zum Schluss das Backpulver auf die trockenen Zutaten streuen. Mit einer Gabel zuerst das Backpulver unter die trockenen Zutaten mischen, dann alle Zutaten mit der Gabel kurz vermengen.
4 Aus dem mürben Teig eine Rolle formen. (Kein zusätzliches Mehl verwenden, sonst schmecken die Plätzchen mehlig, zudem erhöht sich der Kohlenhydratanteil.) Scheiben abschneiden, Kugeln formen, diese auf das Blech setzen. Mit einem Kochlöffelstiel oder dem kleinen Finger in die Mitte jeder Kugel eine Vertiefung eindrücken. Sofort in den Ofen schieben und ca. 10 Minuten backen.
5 Auskühlen lassen. Mit einem Dressiersack oder einem kleinen Löffel je einen Tupf kochend heiße Marmelade in die Vertiefungen setzen. Stocken lassen.

TIPPS:

- Zuckerarme oder -freie Marmelade stockt nicht so gut und glänzt kaum. Verwenden Sie deshalb eine herkömmlich gezuckerte Marmelade. Bei einer Menge von 0,5 g Marmelade pro Plätzchen spielt der verhältnismäßig hohe Zuckeranteil in herkömmlicher Marmelade eine geringe Rolle.
- Falls das Formen der Rolle nicht gelingt, stechen Sie mit einem Löffel kleine Häufchen aus dem Teig aus und setzen diese auf das Blech.

Mindesthaltbarkeit: 4 Wochen
Aufbewahrung: Gebäckdose

PRO STÜCK: 33 kcal; 0,7 g Eiweiß; 1,8 g Fett; 3,4 g Kohlenhydrate; 0,28 BE; 0,34 KHE
GESAMTMENGE: 994 kcal; 33 g Eiweiß; 82 g Fett; 154 g Kohlenhydrate; 12,8 BE; 15,4 KHE

WALNUSSKIPFERL

eifrei

Für 45 Stück

Teig

- 30 g feiner Vollrohrzucker
- 2 g flüssiger Süßstoff
- 60 g saure Sahne
- 60 g geschmolzene hochwertige Butter
- 60 g geröstete, gehackte, Walnüsse
- 120 g Weizen- oder Dinkelvollkornmehl
- ⅓ Pck. Weinsteinbackpulver (6 g)
- Gewürze nach Belieben
- evtl. kaltes Wasser, falls der Teig zu krümelig ist

1 Backblech mit Backpapier auslegen.
2 Backofen auf 170–180 °C Heißluft oder 190–200 °C Unter-Oberhitze vorheizen.
3 Alle Zutaten der Reihe nach in eine Schüssel geben. Zum Schluss das Backpulver auf die trockenen Zutaten streuen. Mit einer Gabel zuerst das Backpulver unter die trockenen Zutaten mischen, dann alle Zutaten mit der Gabel kurz vermengen.
4 Aus dem mürben Teig eine Rolle formen. (Kein zusätzliches Mehl verwenden, sonst schmecken die Plätzchen mehlig, zudem erhöht sich der Kohlenhydratanteil.) Scheiben abschneiden, zwischen den Handflächen zu Stäbchen rollen, dann zu Kipferln drehen und auf das Blech setzen. Ist der Teig zu weich, in eine Kipferlform drücken oder Häufchen ausstechen. Sofort in den Backofen schieben und ca. 10 Minuten backen.
5 Auskühlen lassen und beliebig verzieren.

Mindesthaltbarkeit: 4 Wochen
Aufbewahrung: Gebäckdose

PRO STÜCK: 32 kcal; 0,5 g Eiweiß; 2,2 g Fett; 2,5 g Kohlenhydrate; 0,21 BE; 0,25 KHE
GESAMTMENGE: 1452 kcal; 24 g Eiweiß; 101 g Fett; 113 g Kohlenhydrate; 9,4 BE; 11,3 KHE

GLÜCKSTALER ▸

Für 30 Stück

Teig

- 1 Eiweiß
- 20 g beliebige geröstete, gehackte Nüsse
- 30 g weiche oder geschmolzene hochwertige Butter
- 30 g feiner Vollrohrzucker
- 50 g Weizen- oder Dinkelvollkornmehl
- ⅓ Pck. Weinsteinbackpulver (6 g)
- Gewürze nach Belieben

1 Backblech mit Backpapier auslegen.
2 Backofen auf 170–180 °C Heißluft oder 190–200 °C Unter-Oberhitze vorheizen.
3 Alle Zutaten der Reihe nach in eine Schüssel geben. Zum Schluss das Backpulver auf die trockenen Zutaten streuen. Mit einer Gabel zuerst das Backpulver unter die trockenen Zutaten mischen und dann alle Zutaten mit der Gabel zu einem sehr weichen Teig vermengen.
4 Mit einem Löffel kleine Häufchen auf das Blech setzen, sofort in den Backofen schieben und ca. 10 Minuten backen. Auskühlen lassen und beliebig verzieren.

HINWEIS: Den Teig rasch verarbeiten und die geformten Plätzchen sofort in den Backofen schieben, so gehen die Plätzchen besonders schön auf.

Mindesthaltbarkeit: 4 Wochen
Aufbewahrung: Gebäckdose

PRO STÜCK: 22 kcal; 0,4 g Eiweiß; 1,3 g Fett; 2,2 g Kohlenhydrate; 0,18 BE; 0,22 KHE
GESAMTMENGE: 659 kcal; 12 g Eiweiß; 39 g Fett; 65 g Kohlenhydrate; 5,4 BE; 6,5 KHE

Herzhaftes

Herzhafte Gerichte für Diabetiker folgen dem Prinzip der gesunden Ernährung. Die Gerichte zeichnen sich durch vergleichsweise wenig Fett, Vollkorn- statt Weißmehl und hochwertige Gewürze aus.

ZUBEREITUNG HEFETEIG

Vgl. Text S. 116 und Bilder S. 117

Ist der Teig zu hart, schmeckt die Pizza bzw. der Flammkuchen trocken, ist der Teig zu klebrig, lässt er sich nicht ausrollen und die Pizza wird speckig.

Wenn Sie den Teig nicht luftdicht verschließen, trocknet die Teigoberfläche aus und es bilden sich harte Stellen, die sich schlecht ausrollen lassen und in dem fertigen Gericht unangenehm schmecken.

Keine Hefeteigschüssel zur Hand? Stülpen Sie ein Geschirrtuch über die Schüssel und legen Sie darauf ein Backblech. Ein Geschirrtuch alleine, selbst wenn Sie den Teig mit etwas Mehl bestreuen, was allein wegen der zusätzlichen Kohlenhydrate nicht empfehlenswert ist, wäre für einen Vollkornhefeteig zu wenig.

Der Teig zieht sich während des Ausrollens immer wieder zusammen. Lassen Sie den Teig während des Rollens ein paar Mal für ein paar Sekunden „entspannen", dann lässt er sich leichter rollen und reißt nicht. Verantwortlich für dieses Phänomen ist das Klebereiweiß Gluten aus dem Getreide, das sich wie ein Gummiband verhält. Es lässt sich dehnen, zieht sich aber wieder zusammen, und wenn man Gluten überdehnt, reißt es.

Wenn Sie das Backblech vorheizen, d. h. ab dem Zeitpunkt des Einschaltens in den Backofen schieben und dann die fertig belegte Pizza oder den Flammkuchen mit dem Backpapier auf das Blech heben, schmeckt der Teig noch knuspriger.

Bei starker Hitze, also ca. 220 °C, backen. Ist die Backofentemperatur zu kalt, der Backofen noch nicht ausreichend vorgeheizt, der Teig nicht auf der untersten Schiene eingeschoben oder wurde anstatt Unter-Oberhitze die Heißluftfunktion gewählt, wird das Gericht zäh und speckig.

Zutaten Hefeteig

ZUBEREITUNG IM PIZZAOFEN

Den Pizzaofen auf höchster Stufe vorheizen, z. B. auf Stufe 3 von 3. Den Pizzateig in vier gleich schwere Stücke teilen. Den Pizzaofen auf mittlere Stufe zurückschalten, z. B. auf Stufe 1 ½ – 2.
Das erste Teigstück ohne Mehl ausrollen, z. B. zwischen zwei Lagen Antihaftbackpapier. Dabei immer wieder ein paar Sekunden ruhen lassen, dann lässt sich der Teig besser rollen. Am Rand des Teigs eine kleine Wulst formen, auf die Steinplatte des Pizzaofens geben und rasch ein Viertel des Belags darüber verteilen. Den Pizzaofen wieder höher schalten, z. B. auf Stufe 2,5 von 3.
Den Ofendeckel zuklappen und die Pizza 5 – 10 Minuten backen. Sie ist fertig, wenn der Teig schön knusprig ist. Mit den restlichen Teigstücken genauso verfahren.

AUFBEWAHREN

Am besten schmecken die Gerichte frisch aus dem Ofen. Sollte es Reste geben, diese an einem kühlen Ort aufbewahren.

HEFESCHNITTE NACH FLAMMKUCHEN-ART

Für 3 Portionen

Hefeteig (vgl. Bilder S. 117)

- ¼ Würfel frische Hefe (10 g)
- ca. 100 g lauwarmes Wasser
- 100 g Weizenmehl (Type 550)
- 100 g Weizen- oder Dinkelvollkornmehl
- 3–4 g Kräutersalz

Belag

- 100 g fettarmer Schinken- oder Karreespeck, in kleine Würfel geschnitten
- ca. 250 g Zwiebeln, fein gehackt oder dünn gehobelt
- 1 Becher saure Sahne 20 % (250 g)
- ½ Bd. Schnittlauch, unmittelbar vor Verwendung fein geschnitten
- Kräutersalz nach Geschmack

1 Die Hefe in eine Rührschüssel bröckeln. Die restlichen Zutaten der Reihe nach hinzufügen. Mit dem Knethaken gut verkneten. Der Teig soll gut formbar, weich, aber nicht klebrig sein. Luftdicht verschließen, z. B. in einer Hefeteigschüssel (vgl. S. 28, 136). An einem warmen Ort so lange gehen lassen, bis sich das Teigvolumen fast verdoppelt hat (15–60 Minuten).

2 Für den Belag entweder alle Zutaten vermischen und kräftig würzen oder Speck und Zwiebel ohne Fett in einer Pfanne rösten, vom Herd nehmen und 5 Minuten auskühlen lassen. Restliche Zutaten untermischen. Kräftig würzen.

3 Backofen auf 220 °C Unter-Oberhitze vorheizen.

4 Den Hefeteig nach dem Ruhen zwischen zwei Bogen Antihaftbackpapier in Größe des Backblechs dünn ausrollen. Je dünner, desto knuspriger der Flammkuchen! Den oberen Backpapierbogen abziehen. Den ausgerollten Teig mit dem unteren Backpapierbogen auf das Blech heben. Den Teig rundherum am Rand ca. ½ cm nach innen klappen, sodass ein Teigrand entsteht.

5 Den Belag mit einer Palette oder Teigkarte gleichmäßig auf dem Teig verteilen. In den Backofen schieben und ca. 10–20 Minuten backen. Der Boden soll knusprig sein. Noch warm genießen.

TIPP: Am besten schmeckt der Flammkuchen, wenn er im Pizzaofen gebacken wird. Für die Verarbeitung des Teigs schauen Sie auch auf Seite 136.

Bewahren Sie die restliche Hefe in einem Schraubverschlussglas im Kühlschrank, am besten im Bio-Fresh-Fach oder direkt über der Glasplatte auf. Dann hält die frische Hefe wochenlang. Die Hefe ist verdorben, wenn sie schimmelt, schwarze Flecken bekommt oder austrocknet.

PRO STÜCK: 452 kcal; 17 g Eiweiß; 20 g Fett; 51 g Kohlenhydrate; 4,3 BE; 5,1 KHE

KNUSPRIGE QUARKTALER

eifrei

Für 1 große oder 2 kleine Portionen

Belag

- ca. 100 g frische Tomaten, gewürfelt, oder stückige aus der Packung (ohne Zusätze!)
- Kräutersalz
- Pizzakräuter (Oregano, Majoran, Thymian, Basilikum, Bergbohnenkraut)
- 50 g beliebiges Saisongemüse (z. B. in Würfel oder Streifen geschnittene Paprikaschoten)
- 30 g beliebiger würziger Käse (z. B. Bergkäse oder Tilsiter)

Quark-Öl-Teig

- 60 g Magerquark
- 2 EL Öl (16 g)
- ca. 2 Msp. Kräutersalz
- 120 g Weizen- oder Dinkelvollkornmehl
- 1 ½ TL Weinsteinbackpulver (5–6 g)
- kaltes Wasser nach Bedarf

Servieren

- beliebige Kräuter, z. B. Kresse, Rucola, Schnittlauch oder Basilikum

1 Ein Backblech mit Backpapier auskleiden. Den Belag vorbereiten.

2 Backofen auf 180 °C Heißluft oder 200 °C Unter-Oberhitze vorheizen.

3 Für den Teig alle Zutaten in eine Schüssel geben. Dabei das Backpulver über das Mehl streuen und mit einer Gabel unter das Mehl mischen. Alle Zutaten mit einer Gabel vermengen. So viel Wasser hinzufügen, dass der Teig weich ist und nicht mehr krümelt. Nur kurz vermengen und nur mit der Gabel, sonst wird der Teig zäh.

4 Den Teig rasch mit einer nassen Hand in beliebiger Form – maximal ½ cm dick – auf das Blech drücken. Der Reihe nach belegen, d. h. beginnend mit Tomaten, Gewürzen, Gemüse und zum Schluss mit Käse. Sofort in den Backofen auf die unterste Einschubleiste schieben. 20–30 Minuten backen. Der Fladen ist fertig gebacken, wenn er rundherum bräunt und keine teigigen Stellen mehr aufweist. Dazu das Blech ein wenig aus dem Ofen ziehen und den Teigfladen nach oben heben, dann können Sie erkennen, ob die Unterseite gleichmäßig braun und nicht mehr teigig ist.

HINWEIS: Schieben Sie den Fladen so schnell wie möglich in den Ofen, sonst verliert das Backpulver die Wirkung und der Fladen wird speckig! Nicht zu üppig belegen, sonst weicht der Teig zu sehr auf und bleibt auch nach dem Backen weich.

GESAMTMENGE: 672 kcal; 32 g Eiweiß; 24 g Fett; 80 g Kohlenhydrate; 6,7 BE; 8,0 KHE

Zutaten Teig

Fertiger Teig

Belegter Fladen

PIKANTE JOGHURTFLADEN

eifrei

Für 1 Portion, die Menge kann beliebig vervielfacht werden

Belag

- 2–3 gut gehäufte EL gehackte frische Tomaten oder stückige aus der Packung (ca. 60 g)
- Kräutersalz
- Kräuter (z. B. Oregano, Majoran, Thymian, Basilikum, Bergbohnenkraut)
- evtl. Knoblauch, gehackt oder gepresst
- 50 g in feine Streifen gehobeltes Saisongemüse, z. B. Weißkohl, Kürbis, Zucchini
- 3 gehäufte EL geriebener würziger Käse (ca. 45 g), z. B. Bergkäse oder Tilsiter
- 4 dünne Scheiben Karree- oder Schinkenspeck (20 g)

Teig

- 1 ½ EL Olivenöl (12 g)
- 1 EL Naturjoghurt (30 g)
- ca. 2 Msp. Kräutersalz
- 6 gehäufte EL Weizen- oder Dinkelvollkornmehl (100 g)
- 1 ½ TL Weinsteinbackpulver (5–6 g)
- kaltes Wasser nach Bedarf

Servieren

- Schnittlauch oder Kresse

1 Ein Backblech mit Backpapier auskleiden. Den Belag vorbereiten.
2 Backofen auf 180 °C Heißluft oder 200 °C Unter-Oberhitze vorheizen.
3 Für den Teig alle Zutaten in eine Schüssel geben. Dabei das Backpulver über das Mehl streuen und mit einer Gabel unter das Mehl mischen. Alle Zutaten mit einer Gabel vermengen. So viel Wasser hinzufügen, dass der Teig weich ist und nicht mehr krümelt.
4 Den Teig rasch mit einer nassen Hand in beliebiger Form – maximal ½ cm dick – auf ein Blech drücken. Der Reihe nach belegen, d. h. beginnend mit Tomaten, Gewürzen, Gemüse, Käse und mit Speck abschließen. Sofort in den Backofen auf die unterste Einschubleiste schieben. 20–30 Minuten backen. Der Fladen ist fertig gebacken, wenn er rundherum bräunt und keine teigigen Stellen mehr aufweist. Dazu das Blech ein wenig aus dem Ofen ziehen und den Teigfladen nach oben heben, dann können Sie erkennen, ob die Unterseite gleichmäßig braun und nicht mehr teigig ist.
5 Zum Servieren mit Schnittlauch oder Kresse bestreuen.

HINWEIS: Schieben Sie den Fladen so schnell wie möglich in den Ofen, sonst verliert das Backpulver die Wirkung und der Fladen wird speckig! Nicht zu üppig belegen, sonst weicht der Teig zu sehr auf und bleibt auch nach dem Backen weich.

GESAMTMENGE: 650 kcal; 31 g Eiweiß; 29 g Fett; 66 g Kohlenhydrate; 5,5 BE; 6,6 KHE

SAUERKRAUTSCHNECKEN

Für 4 Portionen

Hefeteig (vgl. Bilder S. 117)
- ¼ Würfel frische Hefe (ca. 10 g)
- 250 g Weizen- oder Dinkelvollkornmehl
- 60 g lauwarme Milch
- 25 g Öl
- 1 Ei
- 5 g Kräutersalz
- 2 Msp. Muskat
- je 1 EL frisch gehackter Thymian und Basilikum oder je 1 TL getrocknete Kräuter
- lauwarmes Wasser nach Bedarf

Belag
- 1 Paket Sauerkraut (500 g)
- 1 TL gemahlener oder ganzer Kümmel
- 2 EL frisch gehackte glatte Petersilie

Guss
- 100 g Milch
- 1 Ei
- ¼ TL Kräutersalz
- 30 g geriebener beliebiger Käse (z. B. würziger Bergkäse)

Einfetten
- 30 g hochwertige Butter, z. B. Alm- oder Sommerbutter

1 Die Hefe in eine Rührschüssel bröckeln. Die restlichen Zutaten der Reihe nach hinzufügen. Mit dem Knethaken gut verkneten. Der Teig soll weich, aber nicht klebrig sein, d. h. sich noch gut formen lassen. Luftdicht zugedeckt, z. B. in einer Hefeteigschüssel (vgl. S. 28, 136), an einem warmen Ort so lange gehen lassen, bis sich das Teigvolumen fast verdoppelt (15–60 Minuten).

2 Alle Zutaten für den Belag vermischen. Falls das Sauerkraut sehr flüssig ist, gießen Sie die Flüssigkeit zunächst ab und geben sie später auf die fertig geformten Schnecken, bevor Sie den Guss daraufgeben. Die Sauerkrautflüssigkeit enthält sehr viele Wirkstoffe, daher die Flüssigkeit immer mitverwenden!

3 Alle Zutaten für den Guss vermischen.

4 Butter in eine Auflaufform geben. Backofen auf 50 °C Heißluft oder Unter-Oberhitze vorheizen. Die Form in den Backofen stellen, bis die Butter schmilzt. Aus dem Ofen nehmen.

5 Den Teig dünn in Backblechgröße ausrollen. Am besten zwischen zwei Bogen Antihaftbackpapier. Während des Rollens den Teig immer wieder für ein paar Sekunden ruhen lassen, dann lässt er sich leichter ausrollen.

6 Den Belag auf dem Teig verteilen. Wie einen Strudel einrollen. Knapp daumenhohe Stücke abschneiden, jede Schnecke zunächst seitlich in die geschmolzene Butter tauchen, dann dicht nebeneinander in die Auflaufform setzen. Falls vorhanden den Saft vom Sauerkraut darüber verteilen. Mit dem Guss überziehen.

7 Form in den Backofen schieben und 15 Minuten bei 50 °C Heißluft oder Unter-Oberhitze aufgehen lassen. Danach die Temperatur auf 160 °C Heißluft oder 180 °C Unter-Oberhitze erhöhen und in ca. 30 Minuten fertig backen lassen. Die Sauerkrautschnecken sind fertig gebacken, wenn bei der Stäbchenprobe kein Teig mehr am Stäbchen kleben bleibt (vgl. S. 84).

PRO PORTION: 415 kcal; 16 g Eiweiß; 21 g Fett; 40 g Kohlenhydrate; 3,3 BE; 4,0 KHE

FRÜHLINGSKRÄUTERPIZZA

eifrei

Für 4 Portionen

Pizzateig (vgl. Bilder S. 117)

- ca. 170 g lauwarmes Wasser (170 ml)
- ¼ Würfel frische Hefe (ca. 10 g)
- 300 g Weizen- oder Dinkelvollkornmehl
- 1 gestrichener TL Kräutersalz (5 g)
- 1 ½ EL Olivenöl (12 g)
- 1 EL naturtrüber Apfelessig (8 g)

Belag

- 300–500 g Frühlingskräuter (z. B. sehr junge Brennnesseln, Giersch, Gundermann, Bärlauch, Vogelmiere etc.), fein gehackt, ersatzweise Blattspinat und beliebige frische Gartenkräuter
- 1 Ei
- 3 EL Haferkleie (45 g)
- 1 Becher Ricotta oder saure Sahne (250 g)
- 80 g sehr würziger Käse (z. B. Tilsiter oder Bergkäse, gerieben)
- 3 Knoblauchzehen, gepresst oder klein gehackt
- evtl. Kräutersalz, Muskat

1 Zwei Drittel des Wassers und die Hefe in eine Hefeteigschüssel geben und mit einer Gabel verrühren. Restliche Zutaten der Reihe nach hinzufügen und miteinander verkneten. So viel lauwarmes Wasser hinzufügen, dass ein weicher, aber gut formbarer, nicht klebriger Teig entsteht. Luftdicht verschließen und an einem warmen Ort so lange gehen lassen, bis sich das Teigvolumen um mindestens ein Drittel vergrößert hat.

2 Alle Zutaten für den Belag miteinander verrühren. Kräftig würzen. Ist der Belag zu fest zum Aufstreichen, etwas Milch untermischen.

3 Backofen auf 220 °C Unter-Oberhitze vorheizen. Mit der Heißluftfunktion wird der Boden nicht so knusprig.

4 Den gesamten Pizzateig zwischen zwei Bogen Antihaftbackpapier – ohne Verwendung von zusätzlichem Mehl – in Backblechgröße ausrollen. Den ausgerollten Teig mitsamt dem Backpapier auf das Blech legen. Das obere Backpapier abziehen. Am Rand einen für die Pizza typischen kleinen Wulst formen. Den Belag gleichmäßig auf dem Teig verteilen. Auf der untersten Schiene im Backofen in 20–30 Minuten backen. Die Pizza ist fertig, wenn der Teig knusprig und der Belag gebräunt ist.

Tipp: Am besten schmeckt die Pizza aus dem Pizzaofen, vgl. S. 136.

PRO PORTION: 477 kcal; 27 g Eiweiß; 18 g Fett; 51 g Kohlenhydrate; 4,3 BE; 5,1 KHE

LAUCHTORTE

Für 1 Tortenform, ca. 24–28 cm Durchmesser, 4 große Portionen

Belag

- 50 g fettarmer Speck, z. B. Schinken- oder Karreespeck, in Streifen geschnitten
- 1 kg Lauch oder Zwiebeln, in feine Ringe gehobelt
- 1 Schuss trockener Weißwein (ca. 40 g), dann schmeckt die Zwiebel nicht so süß
- ½ Tasse Wasser (ca. 60 g)
- ½ TL gemahlener Kümmel
- je 1 TL Thymian, Bergbohnenkraut und Majoran
- Kräutersalz
- 100 g würziger Käse, z. B. Tilsiter, gerieben
- 3 Eier
- 1 Becher saure Sahne 20 % Fett (250 g)
- 50 g Milch
- schwarzer Pfeffer
- evtl. mehr Kräutersalz

Teig

- 3 EL aromatisches Olivenöl (24 g)
- ca. 80 g kaltes Wasser
- 200 g Weizen- oder Dinkelvollkornmehl
- Kräutersalz (ca. 4 g)
- 1 TL italienische Kräuter oder Kräuter der Provence
- ½ Pck. Weinsteinbackpulver (8–9 g)

1 Speck und Zwiebeln ohne zusätzliches Fett anrösten. Mit Weißwein ablöschen. Wasser und Gewürze hinzufügen. Zugedeckt so lange dünsten, bis die Flüssigkeit verdunstet ist (ca. 3–5 Minuten). Vom Herd nehmen und auskühlen lassen.

2 Den Backofen auf 200 °C Unter-Oberhitze vorheizen.

3 Eine Quicheform oder Obstkuchenform vorbereiten.

4 Die restlichen Zutaten des Belags (Käse, Eier, saure Sahne, Milch und Pfeffer) mit einem Kochlöffel oder einer Teigkarte unter die Zwiebel-Speck-Mischung mengen, ggf. mit Salz abschmecken.

5 Für den Teig alle Zutaten der Reihe nach in eine Schüssel geben. Zum Schluss das Backpulver über dem Mehl verteilen und mit einer Gabel zunächst unter das Mehl mischen. Dann alle Zutaten mit der Gabel vermengen. So viel Wasser hinzufügen, dass sich der Teig gerade noch mit der Gabel vermischen lässt.

6 Den Teig rasch mit einer nassen Hand in die Backform drücken. Den Belag einfüllen. Die Torte auf den Backofenboden stellen und 20 Minuten backen. Dann auf die erste Einschubleiste schieben und noch einmal 25–40 Minuten backen. Die Torte ist fertig gebacken, wenn der Belag stockt, bräunt und die Kerntemperatur über 90 °C liegt (mithilfe eines Bratenthermometers überprüfen, vgl. S. 97). Ist der Belag schon braun, die Torte aber noch nicht fertig gebacken, decken Sie diese mit Alufolie ab und lassen die Torte fertig backen.

TIPP: Den Teig nach Zugabe des Backpulvers sehr rasch verarbeiten, sonst wird er beim Backen speckig. Deshalb vor der Teigzubereitung alle Zutaten, die Sie für das Gericht und zum Ausarbeiten des Teiges benötigen, vorbereiten!

PRO PORTION: 584 kcal; 28 g Eiweiß; 33 g Fett; 42 g Kohlenhydrate; 3,5 BE; 4,2 KHE

ALPHABETISCHES REZEPTREGISTER